ALBUMI

VËLLIM VJERSHASH

FAN S. NOLI

një botim i:

LIBRASHQIP

Tiranë, 2022

ISBN: 9798215894392

Klasikët Shqiptarë

Koleksioni "Klasikët Shqiptarë" synon të mbledh veprat kryesore të shkrimtarëve më të mëdhenj të letërsisë së Rilindjes dhe Pavarësisë në një gamë të vetme.

Letërsia shqiptare e Rilindjes Kombëtare lindi dhe u zhvillua si pjesë e pandarë e lëvizjes politiko-shoqërore e kulturore për çlirimin e vendit nga zgjedha e huaj. Kjo lëvizje, që nis nga mesi i shekullit XIX dhe arrin deri në vitin 1912, quhet Rilindje Kombëtare, prandaj edhe letërsia e kësaj periudhe quhet letërsi e Rilindjes Kombëtare. Kjo është kryesisht një letërsi patriotike me frymë demokratike e popullore. Tema kryesore e saj ishte dashuria për atdheun dhe popullin, evokimi i së kaluarës heroike dhe lufta për çlirimin kombëtar e shoqëror.
Kushtet historike që përcaktuan zhvillimin e saj, ishin kryengritjet e vazhdueshme kundër pushtuesve osmane, lufta për pavarësi dhe për ruajtjen e tërësisë tokësore të vendit nga synimet grabitqare të imperialisteve dhe të qarqeve shoviniste fqinje.

Letërsia e Rilindjes pati një drejtim iluminist e në periudhën e fundit edhe vepra realiste, por në thelbin e vet ajo ishte një letërsi romantike. Në veprat më të, mira të saj u shprehen ideale të larta kombëtare, malli dhe dashuria e zjarrtë për mëmëdheun, krenaria për të kaluarën e lavdishme të popullit shqiptar dhe ëndërra për ta parë Shqipërinë e lirë, të pavarur e të lulëzuar.
Figura më e shquar e kësaj periudhe është padyshim, Naim Frashëri, autor i poemës "Bagëti e Bujqësi,, i "Historisë së Skënderbeut,, dhe i shumë poezive të tjera patriotike, lirike e filozofike. Figura të tjera të shquara janë Jeromim De Rada, A.Z.Cajupi, Gavril Dara i Riu, Ndre Mjeda, Asdreni etj.

Letërsia e Rilindjes shënon një etapë të re në historinë e letërsisë shqiptare. Ajo shënon kalimin nga letërsia me brendi fetare e karakter didaktik, në letersinë e re shqiptare, në letërsinë e mirfilltë artistike, duke hedhur në të njëjtën kohë edhe bazat e gjuhës sonë letrare kombëtare.

Në vështrimin e shndërrimeve letrare kapërcyelli i shekullit të 20 është një kohë veçanërisht e shënueshme. Më 1900 vdes Naim Frashëri. Po në këtë vit Fishta boton shkrimet e para, kurse vetëm një vit më parë lind Lasgush Poradeci, poeti më i madh modern shqiptar.

Me mbarimin e shek. XIX përmbyllet letërsia e Naimit dhe një periudhë e letërsisë shqiptare. Këtu është një prerje ndërmjet letërsisë së Naimit (romantike) dhe letërsisë që nis me brezin e 1900-shit, ku hyjnë Konica, Fishta, Çajupi, Asdreni, Noli e M. Frashëri me një letërsi joromantike. Të parën e karakterizon ideja kombëtare, kurse të dytën ideja shoqërore apo ideja njerëzore. Kjo e dyta është periudha e letërsisë së pavarësisë që do të zotërojë ngadalë katër dhjetëvjeçarët e parë të shekullit XX.

Në vështrimin kulturor-historik e në vështrimin strukturor, letërsia e pavarësisë nis në fund të shekullit të kaluar me Konicën, kur shfaqet një model shkrimi kritik, i ndryshëm nga shkrimi i mëhershëm himnizues, dhe zhvillohet me poezinë e Lasgush Poradecit që kërkon forma të reja, gjuhë të re poetike dhe efektin estetik të letërsisë, që ndërton në thellësinë e vet identitetin e botës shpirtërore shqiptare.

Letërsia e Pavarësisë shqiptare është një periudhë letrare që vjen pas periudhës së Rilindjes që kurorëzohet me letërsinë e Naim Frashërit. Kjo periudhë letrare shkallë-shkallë ngre dallimet me letërsinë pararendëse dhe forcon karakteristikat e veta ideore e strukturore.

Përurues dhe nismëtar i kësaj periudhe është Faik Konica me Albaninë e tij (1897-1909), ku boton autorët e 1900-ës, madje dhe komenton këtë letërsi të re në revistën e tij. Kështu, Konica bëhet edhe teoriku e kritiku i parë dhe i pakontestueshëm i kësaj letërsie. Në një artikull të vitit 1906, "Kohëtore e letrave shqipe", si dhe në interpretimet e veprave të Çajupit, Asdrenit, Nolit e Gurakuqit, Konica vëren se letërsia e re lirohet nga zotërimi i ideologjisë kombëtare të romantizmit. Kjo letërsi artikulon dallimin ndërmjet veprimit atdhetar dhe krijimit letrar estetik. Prandaj Letërsia e Pavarësisë, që në nismë, shqipton kërkesën e krijimit të letërsisë si vlerë më vete, pa marrë parasysh qëllimin. Në anën tjetër, edhe qëllimi fillon të pretendohet që të arrijë nëpërmjet frymës kritike e jo frymës himnizuese, si dhe brendapërbrenda shoqërisë shqiptare dhe shpirtit të kombit.

Kjo letërsi pati disa trajta. Ajo u shfaq si trashëgimi e simbolizmit (Asdreni, Lasgushi), si realizëm me frymë kritike (Çajupi, Noli), në trajtë neoklasiciste (Fishta, Mjeda, Haxhiademi) apo në trajta të papara të modernizmit në prozë (Koliqi, Migjeni, Kuteli).

Ky libër do të përmbledh poezitë dhe përkthimet e Fan Nolit. Vëllimi "Album" u botua për herë të parë në 1948 me këtë shënim:

Dyzetvjeçar në Amerikë
1906-1946
I Hirësisë Tij
Peshkop Fan S. Noli

E botoj Federata Vatra
Boston, Massachusetts
1948

Më pas në faqen e dytë shënohet:

KRYETRIMAVE
QË E ÇLIRUAN SHQIPËRINË
NGA FASHISTËT
NGA NAZISTËT
NGA BEJLERËT
U DEDIKOHET KY ALBUM
PREJ FEDERATËS
VATRA

Përmbajtja

ALBUMI

Hymni i flamurit

O Flamur gjak, o flamur shkabë,
O vënd e vatr' o nën' e babë,
Lagur me lot, djegur me flagë,
Flamur i kuq, flamur i zi.

Fortesë shkëmbi tmerr tirani,
S'të trëmp Romani, as Venecjani,
As sërp dushani, as Turk Sulltani,
Flamur i math për Vegjëli

Flamur që lint Shën Kostandinin,
Pajton Islamn' e Krishtërimin,
Çpall midis feve vllazërimin,
Flamur bujar për Njerëzi.

Me Skënderben' u lavdërove
Dhe në furtun' i funtmi u shove,
Me Malon prapë lart vrapove,
Yll i pavdekur për Liri.

Sa shpesh pastaj për-dhe u shtrive
Me zjarr e zi u ndeze u nxive,
Po çdo mizor me shpat' e grive,
O fushë-kuq, o shkabë-zi.

Përpjetë pri-e Shqipërinë,
Përlintj'a shpirtin dhe fuqinë,
Diell për vllanë, yrnek për fqinë

Për botën ëndr' e qjell i ri

Botuar për herë të parë në "Liria Kombëtare", më 28 Nëntor 1926

Thomsoni dhe kuçedra

Te Ura, te ura
Vraponi, o burra,
Me armë, me topa, me kordh' e me shpata,
Se dolli kuçedra e errët nga nata,
Se ngriti bajrakun e lyer me gjak
Dhe sulet prej Shjakut në Durrës me-vrap.

Kuçedr'e Turqisë,
Hyen'e urisë,
E rrahur nga Greku, nga Serbi e Bullgari
Do gjak të thëthinjë dhe vjen te Shqiptari,
Si gjarpër zvarniset, i sillet përqark,
Me dinin në gojë, me helmin në bark.

Kuçedrën e vrarë
E hasi më parë
Thomsoni në Vlorë, kur vinte prej detit
Me katërqint krahë, lubi' e Dovletit,
E zuri për gryke, e shtriu përdhe
Nga thonjt' i rrëmbeu të mjerin Atdhe.

Pastaj për së dyti
Në Durrës e mbyti
Dhe kokën ia shtypi me top nga Kalaja,
Kur hodhi Esadin nga Froni, nga maja,
Nga forca në pluhër, nga bregu në det,
Me grusht prej rrufeje, që ngrin e që tret.

Kuçedra e thyer,
Në turp e përlyer,
Përmblidhet e kthehet nga toka në Durrës

Dhe ngrihet m'e fortë, në Gjol, afër Urës.
Shqiptar'i verbuar vërsulet në det,
Shkel Flamur dhe Nënë dhe vllezër po vret.

"Dy herë të theva,
Të shtriva, të ndeva,
Po prapë u ngjalle dhe prapë u ngrite,
Prit-më, the, prit-më!" Dhe prap' iu vërvite,
Dhe hovin kuçedrës ia preve, po re,
Kalorës i huaj, që vdiqe për ne!

Nga Ura, nga Ura
Po ikni, o burra?
Ju ikni, po hij' e Kalorësit s'ikën!
Kuçedrës tërbuar ajo i fut frikën,
Se urën e ruan, se Urë'n e mpron
Stihia - Shqiponjë, me qip e me thonj.

Te ura, te Ura,
Vajtoni, o burra,
Thomsonin e ngratë që ju vet' e vratë,
Që pas nuk i ratë, po vetëm e latë,
Kur shkonte kaluar të vdesë për ne,
Për ju, të mallkuar, që s'doni Atdhe.

Korrik, 1914

Marshi i Barabbajt

Allalla, o rezil e katil, allalla,
Shtroni udhën me hithr' e me shtok turfanda,
Gumëzhit, o zinxhir e kamçik, baterma,
Lehni, laro, kaba Hosanna, Barabba!

Tradhëtor, ti na nxive, na le pa atdhe,
Ti na çthure, na çkule, na çduke çdo fe,
Varfëri, poshtërsi, robëri ti na dhe,
Derbeder, ujk e derr Hosanna, Barabba!

O stërnip i Kainit, tepdil si bari,
Ti na shtyp e na shtryth e ti gjakun na pi,
Ti na ther e na grin e për qejf na bën fli;
O kokuth e lubi Hosanna, Barabba!

Në budrum, nëpër llom' e kufom' u mallkofsh,
Në skëterrën, katran e tiran, u harbofsh,
Me tam-tam e allarm' e me nëm' u shurdhofsh,
Në zëndan mbretërofsh Hosanna, Barabba!

O i çgryer, i zhyer, i vyer për hu,
Turp e ndot kundërmonjës të krusen mbi gju
Dallkaukët, kopukët e turmat pa tru,
Zëmër krund e gërdhu Hosanna, Barabba!

Allalla, o rezil e katil, allalla,
Shtroni udhën me hithr' e me shtok turfanda,
Gumëzhit, o zinxhir e kamçik, batërma,
Lehni, laro, kaba Hosanna, Barabb

Fryn moj erë

Ngaj po na vjen, moj erë e rreptë?
Pse vërshëllen me aq mallëngjim?
Vij drejt nga malet e Shqipërisë,
për të përhapur zi e vajtim.
Fryn, moj erë, moj erë e shkretë fryn,
drejt më zëmër, më zëmër time hyn.

Nga ata male, moj erë trime,
ç'lajme të reja po na ke siell?
Pse je e vrerët dhe e helmuar?
qiellë me zi përse na e mbiell?
Fryn, moj erë.

Pse e ke synë të trubulluar
e rent kaluar mi t'zeza re?
Pse të pikojnë lottë të zeza,
lottë të zeza posi rrëke?
Fryn, moj erë.

Syri m'u err nga ato që pashë
Ah! nuk mbahem, nuk duroj dot.
Pashë një gjëmë, gjëm të tmeruar,
rent ta haroj, po rent kam më kot.
Fryn, moj erë.

Atje tek losnja në fush' të Korçës,
duke u hedhur lis më lis,
një qivur pashë me një çup të virgjër,
ma vrau shpirtin ay filis.
Fryn, moj erë.

Tokat pushonin, prift nuk dukej,
e pakënduar na u varros
mihnë dëborën, i bënë varrë,
shpirt nuk më mbeti, forca m'u sos.
Fryn, moj erë, etj.

Atje mi varrë qante një grua,
një grua qyqe me mallëngjim
burrën të qante më par'a çupën,
për kë të bënte më par'vajtim?
Fryn, moj erë.

Renda e ika e fluturova,
po dhëmbjen time ku do ta fsheh?
Çava oqeane, dete dhe male,
po vajtoj edhe sikundër sheh.
Fryn, moj erë, etj.

Moj erë rreptë, erë malsore,
shpirti m'u ndes, zëmra më shkriu;
sytë m'u errë si ty dhe mua,
mëndja në kokë më bubullin.
Fryn, moj erë.

Qëndro të lutem, të kam për t'dhënë
dhe un i varfri një porosi
një re të madhe dërgo të zbresë
e ta ngarkojmë me lott'e mi.
Fryn, moj erë.

E kur të kthehesh nga Shqipëria,
Atje në kopshtin, atje t'qëndrosh,
dhe lot'e mia si vesë qjelli
dalë nga dalë do t'i pikosh.

Qaj, moj erë, moj er'e shkretë qaj,
derthmi lotë atje mi varre saj.

25 Janar 1907

Krishti me kamxhikun

Në kështjellë t'atdheut, në tempull të fesë
Janë shtruar sarafët' pa shpirt e pa besë,
Tregëtojn' e gënjejnë, rrëmbejn' e sfrutojnë,
Thon' ashtu Israelin e mbrojn' e shpëtojnë.

Shtrembërojnë kanunet, i marrin në dorë,
Dhe shkëlqejnë në kish' e në fron me kurorë,
Vegjëlia për ta batërdisen dhe vriten
Dhe kështu parasitët gjakpirës po rriten.

Tradhëtori dinak, hipokrit e kusar
Na u ngrit gjer në kulm, dhe u bë kryetar;
Nënë zgjedhën besnikët për vdekje lëngojnë,
Se mëkat dhe mallkim kryengritjen kujtojnë.

Çdo i shenjt' ideal, çdo shtëpi Perëndie
Ishte bërë dyqan dhe pazar tregëtie:
Kush fitonte më tepër, ay ishte usta,
Dhe kush nukë plaçkitte ish krejt budalla.

Kur e pa këtë zi dhe këtë erësirë,
Krisht' i ëmbël u ndes dhe u bë i vështirë:
Me kamçik e me fshikull sarafët i dboj,
Dhe nga larot gjakpirës atdhen' e shpëtoj.

Dhe Shën Pjetr' i gëzuar ahere i tha:
"Ja tani e ke nisur tamam, or usta!
Me kërbaç e me shpatë mi ne mbretëro,
Dhe me forc' e pahir na çliro, na shpëto."

"Je gabuar, o Krisht, që u ke predikuar,

Se të marrët, të shurdhërit s'kanë dëgjuar
Ndreq kurrizin më parë, pastaj ndriço trurin.
Se shpirt-robi s'çlirohet askurrë pa drurin."

Jesu Krishti s' dëgjoj, dhe s'e mori vesh mikun.
Dhe me lot i penduar e hodhi kamçikun,
Dhe i tha: "S'e ka fajin kurrizi, po truri,
Se lirin' e sjell drita e mëndjes, jo druri."

"Merre prapë kamçikun, Shën Pjetri u përgjeq,
Se përndryshe kjo punë na del mos më keq.
Përkëdhel' u kurrizin dhe do t'të besojnë,
Vraji, shtypi, dhe shtrydhi, dhe do t'adhurojnë".

Jesu Krishti s'dëgjoj, dhe s'e mori vesh mikun.
Dhe s'u unj përsëri që ta merrte kamçikun:
Dhe e kapnë kamçikun sarafët për fenë,
Dhe e shëmpnë çlironjësin, fen' e atdhenë.

Kirenari

Ç'deshe ti, mor, në Kalvar,
O qyqar, o Kirenar!
Del me poçen për sehir,
Ndrit me Kryqin si martir.

Rent nëpër kallaballëk,
Se ç'po ngjan s'merr vesh as gëk,
Je i pir' e s'mban dot anë
Për çlironjës a tiranë.

Nëpër pluhër dhe shamatë
Turren burrat, çirren gratë
Turm' e ndezur, e tërbuar,
Krishtin për të kryqësuar.

"Mir' e gjeti, the, sarafi,
Se ashtu ia desh qylafi,
Se po çvishte vegjëlinë
Me uzurën dhe vergjinë".

Po kur pe që u gënjeve,
Kryqësimin s'e pëlqeve.
Kirenar, se ç'the një fjalë:
"Mos e vrisni këtë djalë!

Daleni, the, mor aman-ni,
Oratorin mos e ngani,
Si politikan flet n'erë.

Po s'e bën më tjatër herë!"
Fare bukur e fillove

Po më kot i këshillove,
Se katilët s'të sajdisnin,
Si pjanik të qesëndisnin.

Dhe kur pe këto havaze
Një dolli me verë zbraze
Për të mbytur mallëngjimin,
Për të shuar hidhërimin.

Po dollia të tronditi
Dhe mi Krishtin të vërviti,
Të tre Kryqet i përfshive
Dhe për-dhe të gjith'i shtrive.

Ç'ngjau pasandaj s'kuptove
Kryqin gjer sa e zaptove
Dhe si Krisht u kapardise
Dhe në djers' u batërdise.

Ç'vete shtrëmbër në Kalvar
O qyqar, o Kirenar!
Se ç'përmbysesh, kamçikohesh,
Rrihesh, ngrihesh, çdehesh, zgjohesh.

Krishtin me habi pyet:
"Nga më krisi ky tërmet?
Pse pa faj po më mundojnë,
Kryqn' e huaj ç'ma ngarkojnë?"

Krishti po të ngushëllon,
Dhe durim të këshillon:
"Mos kij dert, se u bekove,
Me dolli lavdi fitove!

Mos kij dert, mor Kirenar,
Ta bën këngën një Shqiptar!"
"Po ku është Shqipëria?"
"Tek ndes vetë Perëndia!"

Bëj gajret, mor Kirenar,
Drejt përpjetë në Kalvar!
Për paradën që bën ti
Çdo besnik të ka zili.

Vjenë, 1925

Kryqëzimi

Po troket çekani
Po kërcet mejdani,
Dor' e këmb' i çpon,
Krishtin kryqëson.

Me tërbim goditin
Me gjëmim e ngjitin
Turma ulërin
Nëna blegërin.

Çdo peronë plagë
Përvëlon si flagë
Çurka gjak buron
Fryhet dhe pikon.

Kryqet ngulen, shtisen,
Tallen, qesëndisen;
Sipër Kryqe tre,
Tri Mari për-dhe.

Marshi i Kryqëzimit

Do të vrasim, Jesu, se të kemi Baba,
Do të varrim, Mesi, se të kemi Usta,
Se s'ke dashur as jet' as martes' as para
Kryqësoje, Pilat, në Kalvar, Golgotha.

Dy kusarë të vegjël i zumë në lak.
Kryqësoji këta, se na vothnë fort pak,
Kryqësoje këtë, se s'na vodhi aspak
Kryqësoje, Pilat, në Kalvar, Golgotha.

Vrajeni, se përunj dhe përmbys pasurinë,
Pasuron, dhe çliron, dhe forcon varfërinë,
Se lëngatën shëron, se ndriçon verbërinë
Kryqësoje, Pilat, në Kalvar, Golgotha.

Varreni, se me botën, me ne s'shëmbëllen,
Se na ndreq shtrëmbëritë, dhe kurrë sna rren,
Se e do vegjëlin' e tiran' e urren
Kryqësoje, Pilat, në Kalvar, Golgotha.

Vrajeni, se për vete s'kujdeset, s'lëfton,
Dhe të mjerët, të humburit nuk i sfruton,
Dhe për sherr, për vlla-vrasje, për luftë s'punon
Kryqësoje, Pilat, në Kalvar, Golgotha.

Varreni, posa s'do as të vras' as të varrë,
As të bënjë të keqen as gjakun t'a marrë,
Dhe katilët me nam na i qan si të marrë
Kryqësoje, Pilat, në Kalvar, Golgotha.

Vrajeni kryengritësin e Shënjtëruar

Si katil të mallkuar, atë ka kërkuar,
Se kujtoj që pa armë na ka për të zgjuar
Kryqësoje, Pilat, në Kalvar, Golgotha.

Anës lumejve

Arratisur, syrgjynosur,
Raskapitur dhe katosur
Po vajtonj pa funt, pa shpresë,
Anës Elbës, anës Spresë.

Ku e lam' e ku na mbeti
Vaj-vatani e mjer-mileti
Anës detit i palarë,
Anës dritës i paparë,
Pranë sofrës i pangrënë,
Pranë dijes i panxënë,
Lakuriq dhe i dregosur,
Trup e shpirt i sakatosur,

Se ç'e shëmpnë derbederët,
Mercenarët dhe Bejlerët,
Se ç'e shtypnë jabanxhinjtë
Se ç'e shtrythnë fajdexhinjtë,
Se ç'e pren' e se ç'e vranë,
Ç'e shkretuan anembanë,
Nënë thundrën e përdhunës
Anës Vjosës, anës Bunës!

Çirem, digjem i vrerosur,
Sakatosur, çarmatosur,
As i gjall' as i varrosur,
Pres një shenj' e pres një dritë,
Pres me vjet' e pres me ditë,

Se ç'u tera, se ç'u mpaka,
Se ç'u çora, se ç'u mplaka,

Lark prej vatrës dhe prej punës,
Anës Rinit, anës Tunës.

Çakërdisur, batërdisur,
Përpëlitur dhe zalisur,
Endërronj pa funt, pa shpresë
Anës Elbës, anës Spree-së.

Dhe një zë vëngon nga lumi,
Më buçet, më zgjon nga gjumi,
Se mileti po gatitet,
Se tirani lebetitet,
Se pëlcet, kërcet furtuna,
Fryhet Vjosa, derdhet Buna,
Skuqet Semani dhe Drini,
Dridhet Beu dhe zengjini,
Se pas vdekjes ndriti jeta,
Dhe kudo gjëmon trumbeta
Ngrehuni dhe bjeruni,
Korrini dhe shtypini,
Katundar' e punëtorë,
Që nga Shkodra gjer në Vlorë!

Ky ilaç e ky kushtrim
Më bën djal' e më bën trim,
Më jep forc' e më jep shpresë,
Anës Elbë-s, anës Spree-së.

Se pas dimrit vjen një verë
Që do kthehemi një herë
Pranë vatrës, pranë punës,
Anës Vjosës, anës Bunës.

Arratisur, syrgjynosur,

Raskapitur e katosur
Brohorit me bes' e shpresë
Anës Elbës, anës Spree-së.

Hamburg, Maj, 1930

Rent, or Marathonomak!

Rent, or rent, rent e u thuaj
Se u çthur ordi e huaj,
Se betejën e fituam
Dhe qytetin e shpëtuam!
Rent, or rent,
Rent, or Marathonomak!

Kap një degë prej dafine
Dhe vërtitesh ndaj Athine,
Nëpër fush' e brek mi brek
Këmba tokën as t'a prek,
Hip' e zbrit,
Petrit, Marathonomak!

Ke një plagë, po s'e the,
Djers' e gjak pikon për-dhe;
Do që ti të jesh i pari,
Për triumfin lajmëtari
Flamur-gjak,
Kuqo, Marathonomak!
T'u tha gryka, po s'te pihet,
T'u mpi këmba, po s'të rrihet,
Se mileti po të pret,
Ankthi zëmrat ua vret,
Vrer e tmerr,
Shpejt, or Marathonomak!

Kurrë kaqë s'dogji djelli
Dhe si plumb s'rëndovi qjelli,
Kurr' aq ëmbël' e bukur s'ftoj
Hij' e lisit edhe kroj;

Turru tej,
Tutje, or Marathonomak!

Vapa mbyt e pluhri nxin
Ferra çjerr e guri grin
Afsha gjoksin përvëlon
Syrin avulli verbon;
Ur' e prush,
Furr', or Marathonomak!

Gryka si gjyryk të çfryn
Prej Vullkani flag' e tym
Se ç'vëngon e se ç'gulçon,
Zëmra brinjët t'i çkallmon
Me tokmak,
Mbahu, or Marathonomak!

Nëna, motra, nusja dalin,
Ngrehin krahët të të ndalin,
Mos, se s'janë veç Najada
Magjistrica dhe Driada
Lark, or lark,
Lark, or Marathonomak!
Hajde, ja Akropolia,
Ja qyteti e njerëzia
Që të pan' e që të çquan
Dhe fuqinë t'a rishtuan
Ha dhe pak,
Hajde, or Marathonomak!

Ja, arrive, ua the:
Ç'gas e ç'helm qe kjo myzhde!
"E fituam!", brohorite
Dhe për tok' u përpëlite

Vdiq, or vdiq!
Vdiqe, or Marathonomak!

Rent kudo, dyke bërtitur,
Nëpër shekuj faqe-ndritur,
Se i vogli shtrin viganin
Dhe i shtypuri tiranin,
Veç e tok,
Tok, or Marathonomak!

Prill, 1930

Marshi i Krishtit

Hosanna o çliro'njës, Mesi, hosanna!
Shtroni udhën me lule, dafine hurma,
Brohoritni trumbeta, timpane, zurna,
Thirr e zbras, o gurmas Hosanna, hosanna!

Kryetrim, që lëfton, triumfon për atdhe,
Shpëtimtar, kryemjek, kryeshenjt, kryefe,
Pasuri, dhe liri, dhe fuqi ti na dhe,
Lum e lum, Galile Hosarma, hosanna!

O i bir i Davidit, i Miri Bari
Ti na prin dhe na rrit në luath e vërri
Ti na ruan, na mpron, dhe për ne bëhesh fli,
O Njeri-Perëndo Hosanna, hosanna!

Përmbi Dhe, përmi Fron, përmi Qjell u bekofsh,
Përmi djall dhe tiran, përmi Ferr mbretërofsh,
Me pean dhe temjan, dhe këmban' u këndofsh,
Drit' e gas, rrofsh e qofsh Hosanna, hosanna!

O i fort' o i urt o i ëmbël Jesu,
Plot me bes' e me shpresë të biem mi gju,
T'adhurojmë me zëmër këtu e tehu,
Gjithëkunt e pa funt Hosanna, hosanna!

Hosanna, o çlironjës, Mesi, hosanna!
Shtroni udhën me lule, dafin' e hurma,
Brohoritni trumbeta, timpane, zurna,
Thirr e zbras, o gurmas Hosanna, hosanna!

Mojsiu në mal

Ngjitet përpjetë Malit të shkretë
Krye-Profeti trimi me fletë,
Të bisedonjë me Perëndinë
Për Palestinë.

Arrin në majë lart i kapitur,
Qëndron me frikë, pret i tronditur,
Dhe Jehovaj i flet prej një reje
Me zë rrufeje:

"Ti dhe të tjerët pleq do të ngelni,
Tokën e Shenjtë kurrë s'e shkelni
Skllevë, bij-skllevësh, s'e meritoni
Se liri s'doni!"

Krye Profetit dita i ngryset
Dhe shpirt-këputur përdhe përmbyset
Me lot në sy, me zemër të ngrirë
I lyp mëshirë.

Pse kaqë gjatë, Zot, m'arratise,
Pse më përplase, më përpëlise,
Pse shpresën dyzet vjet m'a yshqeve,
Dhe sot m'a preve?

"Nem Dhen' e Lirë! Zot ku m'a ke?"
"Shiko, i tha, dhe ja ku e pe."
Së largu Zoti ia pasqyron,
Dhe e shikon.

Ja Nazareti, ja Bethlehemi,

25

Lum' i Jordanit, Jerusalemi,
Mal' i Sionës, Bethsaidaja,
Dhe Golgothaja.

Sheh gasn' e pritmë për djalërinë
Dhe shkretëtirën për pleqërinë,
Atje sa bukur, këtu sa zi,
O Moisi.

Këtej ka dimrin, andej prënverën,
Kërkon Parajsën, vdes në Skëterrën;
Ajme, sa vrer, sa keq e sa zor,
Liberator!

Jepni për nanën

Ç'thot' ajo e ve e gjorë,
-Mbretëreshë pa kurorë
Faqe-çjerrur, lesh-lëshuar,
Shpirt e zëmër përvëluar;
Gjysm' e vdekur: "O Shqiptarë,
Nënës mos ia bëni varrë!"
Mbahu, Nëno, mos kij frikë
Se ke djemtë n'Amerikë.

Qan e lutet Nën' e mjerë,
Kërkon vatrën edhe nderë,
Do lirinë dhe atdhenë,
Si ç'e pat me Skënderbenë,
Bijt' e besës thërret pranë.
Kur i thirri dhe s'i vane,
Mbahu, Nëno, mos kij frikë,
Se ke djemtë n'Amerikë.

Cilët jan' ata tiranë
Që të pren' e që të vranë
Që të therrë bij e bija,
Dhe t'u nxi, t'u mbyll shtëpija?
Derthni plumba, o Shqiptarë,
Gjakn' e Nënës për të marrë,
Mbahu, Nëno, mos kij frikë,
Se ke djemtë n'Amerikë.

Cilët bij të trathëtuan
Dhe të doqnë dhe të shuan
Dhe të lan', o Shkab' e ngratë
Pa fole, pa zog, pa shpatë?

Këta qena, o shok' i mbytni,
Mbushni gjyle që t'i shtypni.
Mbahu, Nëno, mos kij frikë,
Se ke djemtë n'Amerikë.
Sa kërkon e sa të duhen,
Burrat nga detyra s'ndruhen!
Trim i mirë do të japë,
S'kursen jetën as paratë;
Hithni, hithni tok dollarë,
Të mos mbetemi të sharë.
Mbahu, Nëno, mos kij frikë.
Se ke djemtë n'Amerikë.

Do të ndihim pa kursyer
Për ty, Nëna jon' e vyer,
Që me drit' e nder të thuresh
Dhe me bijt' e tu të mburesh.
Cila Nënë lyp paranë?
Cilët bij me shpirt s'i dhanë?
Mbahu, Nëno, mos kij frikë,
Se ke djemtë n'Amerikë.

Armë dhe fishekë mblithni,
Qesen edhe shpirtin hithni:
Për lirin' e vëndit t'onë,
Sot -se nesër është vonë-
Jepni, Nënën të shpëtoni,
Komb e vatra të nderoni.
Mbahu, Nëno, mos kij frikë
Se ke djemtë n'Amerikë.

1918

Shën Pjetri në mangall

Fryn' e çfryn veriu,
Ngrin, mërdhin i ziu
Dhe mangallit i afrohet
Që të ngrohet.
Krishtin brënda e gjykojnë
Dhe pas ligjës e dënojnë,
E goditin dhe e shtyjnë,
E pështyjnë.

S'del askush që t'a shpëtonjë,
Roma do t'a kryqësonjë,
Triumfon Legaliteti
Dhe Laneti.

Kur e rrahin dhe e tallin
Pjetri ngulet mbi mangallin;
Kur e pa, u koll këndezi
Nga qymezi.

Dhe një shërbëtore i tha:
"Je dhe ti një nga ata!"
Po Shën Pjetri proteston,
E mohon.

Kruspull mbi mangallin mblidhet,
Po djek dorën dhe përdridhet;
Se ç'këndon bandill këndezi
Nga qymezi:

"S'ka e s'ka si heroizma,
Edhe si idealizma,

Po kur dimër del behari
S'ka si zjarri."

"Nga ata je!"- thot' ajo,
E mohon Shën Pjetri: -"Jo!
As e njoh, as e kam parë,
Moj e marrë!"

Kruspull mbi mangallin mblidhet,
Po djek mjekrën dhe përdridhet;
Se ç'këndon bandill këndezi
Nga qymezi:

"Shkab' e shkëmb me poz' e fjalë,
Se ç'na dolle shkrumb e galë,
Në je trim këtu tregoje,
Shko shpëtoje."

Thot'ajo: -"Je, mos gënje!"
Pjetri e mohon me be:
-"Jo, për Zotin, moj aman,
S'jam e s'jam."

Kruspull mbi mangallin mblidhet,
Po djek gjuhën dhe përdridhet;
Se ç'këndon bandill këndezi
Nga qymezi:

-"Simon Pjetër, Bar Jona,
Kështu ndahet kjo dynja:
Kryqi andej, këtej buxhaku
Dhe allçaku.

Se ç' e dogje, se ç' e fike,

Gjel me gjëmb' e këng' armike.
Dhe ndërgjegjen se ç' ia çpove,
Se ç'ia zgjove.

Se ç'vajton Shën Pjetri hidhur,
Lesh-lëshuar, duar-lidhur,
Tri her' e mohoj pa gdhirë,
Faqe-nxirë.

Plak, topall dhe ashik

Dale, moj, se kam një fjalë,
Se më rjedhin djersët valë;
Dale, moj, se s'jam më djalë
Dhe më s'ecënj dot.

Dale, moj, se më kapite,
Më këpute, më sfilite,
Prite, moj, ashikun, prite
Që të vjen me not.

E arriva dhe ia thashë,
Asnjë gur pa tundur s'lashë,
Dhe mëgjunjazi i rashë,
Ç'u mundova kot.

Hapi gojën, dhe vajtova,
Qenkam plakur, e kuptova,
M'ardhi keq, po s'e mohova,
Syri m'u përlot.

Dhe nga jeta u mërzita,
Dhe nga lumi u vërvita
Që të vdes, se u korita
Dy-tri herë sot.

Po ti, Zot, më ngushëllove
Pas një tjatre më lëshove,
Dhe nga mbytja më shpëtove,
Lavdi paç, o Zot.

Dale, moj, se kam një fjalë,

Se më rrjedhin djersët valë;
Dale, moj, se jam i çalë
Dhe më s'ecënj dot.

Kjo poezi u botua për herë të pare në "Album" me pseudonimin Bajram Domosdova, ndërsa në dorëshkrim mban titullin "Dale moj..." dhe datën 6 Tetor 1927

Kënga e Salep Sulltanit

Një mexhlis të math na çeli
Pandeli Jano Vangjeli
Me Sulltan-llokum na veli
Si kofini pas të vjeli.

Fyt' i Floqit po pëllet
Top' i Krosit po kërcet:
Ç'është ky sheqer-kësmet?
Hallvaxhin' e pamë mbret!

Dhe rakia vete-vjen
Xhafer Ypi na mbërthen
Dhe për lot na mallëngjen
Rreth konopit me legjen.

Koço Kotta, mjek hanxhari,
Nis një valle palikari,
Se me një ferman kusari
Sadrazem u bë firari.

Dhe Feridi faqe ndron,
Die shante, sot lëvdon
Fryn bulçit' e trumbeton,
Që Katrani zbardhëllon.

Dhe sarhosh Iljas Vrioni
Dehet, siç e do zakoni,
Bërtet: "Rroftë Napoloni!
Kështu tha dhe Ksenofoni!"
Se ç'u çporr xhumhurieti,
Se ç'u rahatos mileti,

Se Sulltanin prap' e gjeti,
Se, që kur e humbi, s'fjeti!

Ç'ka sepse i vjetri qe
Madhështor sa një deve
Dhe ky s'bën as për meze!
Rroftë sa jep ylefe.

Se ç' na u gëzua xhani,
Se ç'na preu Ramazani,
Se ç' na piu Italjani,
Rroftë pra Salep-Sulltani!

Vjenë, 15 Tetor, 1928.

Shpell' e dragobisë
(Elegji për Bajram Currin)

Kur tufani e çthuri fenë,
Kur tirani e krrusi atdhenë,
Mi një brek të Dragobisë
Priret Flamur' i lirisë.

Atje nisi, atje mbaroj,
Atje krisi, atje pushoj,
Rrufe-shkab' e Malësisë,
Në një shkëmb të Dragobisë.

Vendi dridhej, ay mbeti
Se s'tronditej nga tërrmeti.
Dif drangoj i Dragobisë,
Trim tribun i Vegjëlisë.

O Bajram, bajrak i gjallë,
More nam me gjak në ballë,
Te një shpell' e Dragobisë,
Yll i rrall' i burrërisë.

Thon' u shtri e thon' u vra,
Po ti s'vdiqe, or Baba,
As te shkëmb' i Dragobisë,
As te zëmr' e Djalërisë.

As je vrar' e as po vritesh
Legjendar Ante po rritesh.
Dithiramb i Dragobisë,
Tmerr, panik i mizorisë.

Me Zjarr Shenjt u ndrit kjo shpellë.
Gjer në qjell u ngrit Kështjellë
Për çlirimn' e Shqipërisë
Katakomb' e Dragobisë.

Syrgjyn vdekur
(Elegji për Luigj Gurakuqin)

Nëno moj, mbaj zi për vllanë,
Me tre plumba na i ranë,
Na e vran' e na e shanë,
Na i thanë trathëtor.

Se të deshte dhe s'të deshnin,
Se të qante kur të qeshnin,
Se të veshte kur të çveshnin,
Nëno moj, të ra dëshmor.

Nëno moj, vajto, merr malin,
Larot t'a përmbysnë djalin
Që me Ismail Qemalin
Ngriti flamur trimëror.

Nëno moj, m'a qaj në Vlorë
Ku të dha liri, kurorë,
Shpirt i bardhë si dëborë;
Ti s'i dhe as varr për hor.

Nëno moj, ç'është përpjekur
Gojë-mjalt' e zëmër-hekur,
Syrgjyn-gjall' e syrgjyn-vdekur,
Ky Vigan Liberator.

Sofokliu

Sofokliu ishte budalla,
Kur u mplak, edhe Kupidi e la,
Tha: "Shpëtova nga një maskara!"
Goja, pra, iu tha.

Sofokliu nuk e kishte mirë:
Plaku s'ka takat, po ka dëshirë,
Gjalpë s'ka po ka një pus me hirrë,
Furrë dhe trazirë.

Kam Ferid Asllanin si shahit,
Tetëdhjet' e pesë vjeç ashik:
Amerika, Evropa u çudit,
Nuse desh kur vdiq!

Flamurin që la e trashëgova,
Nat' e ditë çupa, gra kërkova,
Se ç'u batërdisa, se ç'u shova,
Se ç'u përvëlova.

Kur të vdes, dhe kur të më mbuloni,
Çupa, gra, në varr mos më vajtoni.
Do t'ju dua prapë, siç më doni.
Dolla! Mos më zgjoni.

Tallja përpara kryqit

Fetishisti

Feja jote me vjet do të bëhet çervish
Kryqi yt, Jesu Krisht, do të bëhet fetish;
Dhe në koleksion të Muzes' Afrikane
do të shtohet dhe një hajmali kristiane.

Lenini

Tavarish, tavarish, kryqësohesh më kot
Dhe po shtyp vegjëlinë me gjak e me lot,
Kryqi yt do të bëhet simbol tiranie
Instrument verbërimi, sfrutimi dhe zie.

Antisemiti

Kryqi yt do të bëhet konop i përshenjtë,
për të varur, për të munduar hebrenjtë.
Për të shuar një komp t'arratisur të ndjekur,
Për të cilët ke lindur, ke rrojtur, ke vdekur.

Militaristi

Kryqi yt do të bëhet bajrak për fushatë
Do të ndezë kalorësit për kryqësatë.
Predikove dhe vdiqe si pacifist
Luft' e tmerr frymësove si militarist.

Heretiku

Si të nginjesh me gjak të pabes' e pagan
do të sulesh për gjak heretik kristian.
Me tortur' e inkuizitë dhe me tostongale
do të shtypësh çdo liri mejtimi e fjale

Ariosi

Do të të them që s'ke qënë përveçse njeri,
se kjo vojtje s'ka hije, për një perëndi.
Këtë përrallë pagane, ia fal Shën Thanasit,
më kujton pak a shumë, Prometen' e Kafkasit.

Shën Thanasi
(Anti-Ariosi)

Vet' e the që ke qënë njeri-perëndi,
Ariosi gënjen e përhap herezi;
Prandaj pra, Sinodi me pis' e mallkon
Ngordh si qen ne qenef, si kokudh kundërmon.

Theozofiti

S'jam aspak si këta, zemërgur e shpirtkazmë,
Dhe s'besonj se ke qënë njeri, po famtazmë.
Dhe çifutët kujtuan se të kryqësuan
Po më kot u munduan, më kot të mallkuan.

Israeliti kryqësonjës

Posa erdhe me një porosi të caktuar
Doemos për të vojtur, për t'u kryqësuar
Pse ahere besnikët e tu na fajtojnë,
Pse hesap me tërbim e mallkim na kërkojnë?

Kalvini

Do të them, Jesu Krisht, se më kot u kryqësove
Shituatën e keqe aspak nuk e ndërrove.
Se me Ungjill, e Kryq s'kemi për të shpëtuar
Në mos qoftë prej shekujsh e predestinuar.

Sulltani dhe kabineti

Shokë, sot kam panair,
Shokë, bëmëni sehir;
Sillni kupat e gostisë,
Sillni shishet e rakisë!

Kup' e parë, jam Aga,
Kup' e dytë, jam Pasha,
Kup' e tretë, çpall ferman,
Ngjesh një pall' e jam Sulltan.

Jam Ali Qopeku i Parë,
Qen si unë s'kini parë;
Pra, kur leh, dorëtrokitni,
Zbrasni topa e brohoritni.

Jam imami e jam dovleti,
Padishahu e Muhameti,
Jam Xhenemi e jam Xheneti,
Kijameti e selameti.

Jam xhamia e jam namazi,
Jam zinxhiri e jam kafazi,
Jam budrumi e jam zullumi,
Kush ngre kokën e mërr lumi.

Kush do ligj' e republikë
Me statut e me llogjikë
E ka pisk, dhe ngorth si horr
Në konop si tradhëtor.

Jua nisa historinë

Dhe ju solla prokopinë;
Lë pas meje dinasti
Për vazhdim dhe për lavdi.

Nukë pata parë-ardhës,
Po ju le një bir pasardhës
Gjurmën time të pasonjë
Dhe vatanin t'a sundonjë.

Shkruaj ti, o Bash-Qatip,
Shkruaj mpreht' e me tertip,
Lidhi llomotit e mia
Shkrepi nesër tek xhamia.

Ty, Abdull-Jezid Sersem,
Ty të bëra Sadrazem;
Nxir nga burgu çdo rezil,
Çdo kusar dhe çdo katil.

Ty, Abdul-Xhahil Nefer,
Ty të bëra Serasqer;
Bjeru armiqve, shuaji,
Thyeji dhe bluaji.

Ti, Halim që s'di këndim,
Je vezir për arësim;
Mbylli shkollat, se na nxinë
Me kalemn' e tradhëtinë.

Leri hapur medresetë,
Seminaret dhe teqetë,
Po me gjuhët Arabishte,
Hebraishte dhe Gërqishte.

Këtë urdhër çpalle me vrap:
Libër, ti llaik, mos hap;
Me Ungjillin dhe Kuranin
Merret Prifti me Imamin.

Me këta të dy pastaj
E ujdis Dervish Pashaj;
Papazllar' e hoxhallarë
Janë vllezër të pandarë.

O Kalam, kaur bekri,
Ty të bëra Bash-Myfti;
Çpall: Rakia ësht e lirë
Për Myslim' e për Qafirë.

O Turgut, o Turk i lik,
Ty të bëra Bash-Patrik;
Çpall: Kauri s'merr dot grua,
Se prej Krishtit u ndalua.

Grat' i marrin kapedanët,
Pashallarët dhe Sulltanët;
Dhe kështu bashkohen fetë
Në këtë dhe n'atë jetë.

Kështu thot, Ungjill' i Shenjtë
Për të gjithë të mbëdhenjtë:
I ka bërë Perëndia
Të na zerë llahtaria.

Ti, Selim, Vezir Kusar,
Ruaj arkën me hanxhar;
Sillm'a plot me çdo çaré,
Merr dhe ti nonjë meze.

Çelo, hudhër tarator,
Ty të bëra Ambasador;
Qorr Maliq, o martalloz,
Ty të bëra konçolloz.

Ty, Haxhi Domuz evlat,
Ty të bënj Vezir Xhelat;
Lith litar, dhe mpreh sëpatë,
Varrë e ther, po pa shamatë.

Vraji, preji kundrështarët,
Si të funtmët dhe të parët,
Se m'a prishnë qetësinë,
M'a çkallmuan mbretërinë.

Të pabesët me sevap
Piqi paq si shish-qebap,
Të paudhët me usull
Zieji, bëji si qull.

Ty, Onbash, të bënj binbash
Shpejt e shpejt, o dinkardash;
Ty hajdut, të bënj polic,
Vith pa frik' e me shumicë.

Ty, Mazllum, o arkadash
Ty të bëra Akçi-Bash;
Ziej çorbë dhe tërhan
Me tenxher' e me kazan.

Bëj bollgur e bëj pilaf,
Bostantavë, orman-qebap;
Bëjmë qoftë dhe çomblek,

Paçe e shqemb' edhe byrek.

Bëjmë dollma me japrak,
Bëjmë kos e kaçamak;
Pimë mish e pastërma,
Kavurma dhe kapama.

Bëjmë imam-bajildi,
Kukurec edhe jani;
Mbush një torbë kashkavall
Dhe m'a lith në kapistall.

Bëjmë hallv' e bakllava,
Kadaif e dondurma,
Hyshmeri, muhalebi,
Teleme dhe revani.

Bëj simit' e bëj kulaç
Bëj lakror' e bëj syltiaç,
Petulla për çdo mëngjez
Plot me mjalt' e me pekmez.

Bëj llokum e bëj hoshaf,
Mos çaj kokën për mastraf;
Këtë pun' e ka Hajdari,
Hesapçiu e taksidari.

Mos harro, jam trim dhe ha
Sa një buall dhe një ka;
Pastaj sillmë tri kafe
Dhe dy shishe nargjile.

Si të ha, bej temena,
Ngrer-më me një makara,

Më vëndos mi një sofat
Urt' e but' e me rehat.

Gjellët siç i kam gëlltitur
Leri, s'duhen kolovitur;
Ndryshe krisa si rufe
Që nga qjelli gjer mi dhe.

Kur të shtrihem, nga çdo anë
Vermë nga një shishe pranë,
Vermë kupa dhe meze,
Ndryshe gjumi, or vlla, s'më ze.

Posa të lëshonj shkëndija,
Rentni, zjarr m'u ndes rakia!
Vala ujë shtirmëni
Dhe nga furra nxirmëmi.

Ty, or Hajrullah Sevda,
Ty të bënj Këzllar-Aga;
Ti haremin m'a përmbush
Plot me çupa sheg' e rush.

Sillmë lule dhe burbuqe
Qimezeza, qimekuqe,
Ca të vogla, ca të gjata,
Ca të kolme, ca të thata.

Xhan, mos u çudit me mua,
Që të gjitha nuk i dua;
Që të gjitha do t'i mbleth,
Njëzë vetëm do të zgjeth.

Atë njëzë, or vlla hadëm,

Ty ta dhashë për hanëm,
Ty ta fala si dhuratë,
Sehir bëje dit' e natë.

Ty të çqepi tirania,
Mua hamja dhe rakia;
Që të gjitha, o Perëndi
Na i bën me urtësi.

Dhëmp na dhe, tërbohemi,
Çkule, qetësohemi;
Mënt na dhe, çpikim barut,
Dhe ia shkrepim në tabut.

Na dhe shpatë dhe kërbaç,
Tani gje-na një ilaç;
Se me luftë pritemi,
Digjemi dhe vritemi.

Na dhe brirë mbretërorë,
Na stolise me kurorë,
Na lëshove nëpër dhëntë
Dhe na fluturuan mëntë.

Sillmë, o xhan, dhe nja dy kupa,
Sillmë, o xhan, dhe nja tri çupa;
Eni, çupa, hidhuni,
Shkunduni, përdridhuni.

Eni, zëmrën ngrohmani,
Eni, mëndjen rokmani.
Zot, nga hyqi s'heqim dorë
Mos bëj dashër me këmborë.

(DIELLI, 5 Korrik 1961)

Saga e Sermajesë

Jam kusar e jam beqar
Dua grua pa zarar.
S'kam para dhe s'gjenj para ta ble
Puna duhet bërë me hile.

Dal në brek: bërtas në tym karshi:
"Eja pak këtej, or çelebi!"
Ardhi, ia tregova meselenë;
"Vem' edhe rrëmbejmë Sermajenë!"

Më dëgjoi, më pa në sy,
M'u përgjegj pa një, pa dy:
"Posa dashke dasmë, jam gati,
Sillma shishen me raki!"

Pimë, hëngrëm e u ngjeshmë
Edhe punës iu përveshmë.
Un' i hipa kalit
Dhe ay gomarit:
Kapedan gomari, kali kapedan.

Emrin un' e kam Orhan
Dhe ay e ka Turhan;
Unë dhëndër me kurorë
Ay kumtër me këmborë,
Nus' e bardhë si dëborë,
Në behar pakëz' e zeshkë,
Rrumbullake posi breshkë.

Emrin e ka Shah-Name
Dhe llagapin Sermaje.

50

Ia vuri syrin Orhani,
U çudit i tër' Irani,
Kurdistani dhe Afganistani,
Turkestani dhe Hindustani.

Kur u nismë
Qe një krismë,
Qe një drithmë!
Kur u nism' u tunt dynjaja
Dhe u err, u nxi havaja.

Ja kështu Moskovi u droth,
Napoloni kur iu hoth:
Dhe kështu u mvrojt Stalini,
Kur iu sul Hito Katili
Dhe Benito Mussolini.

De or de, moj mesele,
Ruaju, moj Sermaje,
Sermajeja nukë çante kokën:
Po gërvishte dhe prashitte tokën.

Kruan kokën trim Turhani
Se iu trubullua xhani
Dhe pyet: "Më thuaj, Orhan Be,
Nusn' e bukur ku ma ke?"
Thot' Orhani: "Ja, atje,
Prapa drizave dhe misrave!"

"Orhan Be më paç në qafë,
Mos ma thuaj atë fjalë,
E di mirë këtë arë,
Kjo është ar' e Qorr-Hasanit,
E hajdutit, kapedanit,

Që të vret e del i larë,
Se s'ka sy dhe s'të ka parë."

I mban sytë mbyllur dhe s'të sheh
Dhe pastaj, or vlla Orhan,
Njësin sy e hap dhe merr nishan
Dhe ia shkrep, të vret e s'ke derman.

Syt' i hapën kur qëllon
Dhe njeri nuk i shpëton.
Lëre dasmën, hajde shkojmë,
Ikim shpejt edhe shpëtojmë!"
Thot' Orhani: "S'më vret dot askush,
Jam i vrar' edhe i djegur prush!"

Atje ishin, atje mbetnë,
E kërkuan dhe e gjetnë:
Sermajeja pret përpara,
Qorr-Hasani të vret prapa.

Si babaj edhe e bija:
Ja, mor, dashuria, lebetia!
Dhe kështu, mor, u martuan
Dhe përjet' u trashëguan.

Dhe e vjeth ajo, s'e vjedh ay,
Po ashtu e deshnë që të dy.
Mor kusar, mor budalla,
Kur të vjedhish, vidh para,
Lëri çupat, mos i nga,
Mos i merr as badjava,
Se të kap sevdaja
Dhe të mbyt belaja.

De or de, moj mesele,
Rrofsh e qofsh, moj Sermaje!

Lidhje e paçkëputur

Ti moj Engjëll, moj Shejtane,
Moj Zambak e moj shafrane,
Ti më dehe të papirë
Me tufan e me farmirë;
Moj kurbatkë katarroshe,
Moj sarhoshe kokëboshe,
Më përpjek qoshe më qoshe;
Me zinxhir po më zvarnis,
Më shastis e më bezdis,
Më kërdis, më çakërdis;
Ti ma syrgjynose gjumin,
Ti më mbylle në budrumin,
Ti më nxive në zullumin:
Bashkë s'rrojmë dot,
Ndahemi pra sot.

Nuk ujdis dot ti me mua
Si për çift, për burr' e grua.
Unë hesht, ti po bërtet,
Unë flë, ti po gërret;
Unë ha, ti ramazan,
Unë s'pi, ti zbras kazan;
Unë rent, ti po çalon,
Unë ngel, ti fluturon;

Unë prush e ti dëborë,
Unë drras' e ti këmborë,
Unë hi e ti vullkane,
Unë mi e ti kapllane,
Un' i ri, ti shkon me pleqtë,
Unë plak, ti lot me djemtë;

Çporru, prapa diellit
Ku s'ryn drit' e qiellit.
S'piqemi gëkunt,
Dasma mori funt!

Në më do, më ngushëllo,
Po s'më do, mos më mundo;
Prema kokën dhe çliromë
Dhe në varr të zi mbulomë,
Se kur ngjitem, kam një hall,
Nukë shqitem, jam tutkall.
Ndihmë, pra, për Zot,
Puthm' e vramë sot.

Tani qan, u mallëngjeve,
More vesh që u gënjeve;
Tani zemrën ma gëzove,
Se e shoh që u pendove;
Tani dukesh si qëmoti,
Kur më kape, siç tha Zoti;
Kokën time, brigje-brigje,
Ti moj flag' e ëmbël, digje!
Tok pra mbetemi
Sa të tretemi.

Çepelitja

Isha shtruar në hajat,
Çepelitja me rahat.
Ajo vjen edhe më shtrohet,
Pran' edhe më pran' afrohet.

Unë çepelit e pre,
Ajo sulu dhe mbërthe.
I largohem me usull,
Qasjen nuk e bënj kabull.

Ik' e ik' arrinj në mur,
Ajo pas e s'lë kusur.
Un' i thom: "S'e marr vesh,
Mos më tall, mos më përqesh."

Isha viç i palëpirë,
Aguridhe, thartësirë.
Ishte flag' e farmakosur
Prej rrufeje të xhindosur.

Ma kap dorën, më pyet:
"Këto druçka pse i pret?"
Un' i thom: "Mos më ndalo,
Lodrën mos ma ngatërro.

Është lodr' e Shqipërisë,
Gdhënt e pre rrëzë selvisë.
Ja mbarova një purtekë,
Të paprera kam nja dhjetë."

"Lëri druçkat, thot', or xhan,

Ma qaj hallin, mor aman!”
“Jo, i thom, moj kallpazane,
S’merrem me shaka jallane!”

U trondit, u zgurdullua,
U marros dhe u tërbua.
Më shkelmoi dhe më goditi
Dhe me grusht më lebetiti.

Ngrihem t’ikënj, më mallkon,
Dhe me këmbën më pengon.
Shtrihem si një peshk përdhe
Si një pend’ ajo më ngre.

Unë ndizem posi derr
Edhe mbushem plot me vrer,
Se ma shkeli fare nderin
Dhe më futi mun në ferrin,

Se më bëri qerpazè,
Pelivan paraqendè.
S’m’u durua dhe gatitnja
Grushtin tim që ta goditnja.

Ajo zuri dhe po qante
Dhe më luante e më lante,
Dhe pastaj më përqafoi
Dhe me zjarr më përvëloi.

Kur më puthi u trullosa
Dhe teslim u katranosa.
Dhe kështu, or, u mbërtheva,
Po për Zotin s’u gënjeva.

SHQIPËRIME

Poezi të përkthyera nga Fan Noli

Henry Wadsworth Longfellow (1802-1882)

Skënderbeu

Lëfton luftën dhe fiton
Mbreti Ladisllav gjëmon,
Djek si Ferr, si vdekje pret
Ditën e Rushajevet,
Dhe nga fush' e kuqe gjak
Ikën, rent përpara tij
E Muratit ushtëri
Që shpëtoj e s'ra në lak.

Kur u-ngrys e kur u-err,
Skënderbeu, nder, lavdi
I asqerit Osmanlli
Tok me Turqit krismën merr,
Si lëfton e si humbet
Ditën e Rushajevet.

Mbet e vdekur prapa tij
E Muratit ushtëri,
Kryerojtja udhën hap,
Praparojtja rent me vrap,
Dhe armiku gjakësor
Si me drapër grin e kor.

Po kujdes ay s'të ka
As për Bej as për Pasha,
Edhe natën tek' po shkon
Yjt' e fatit po shikon
Që i ndritnin n'udhëtim;
Edhe kalit tij i ra,

Nënëqeshi edhe tha:
"Është koha për gëzim".

Mez' i natës kur afroj,
Ikja e rreptë kur pushoj,
Një Qatip na vjen i Mbretit
Me myhyrin e Dovletit
Edhe tha me zëmërim:
"Njoll' e parë t'u-vu sot
N'emër, o Gjergj Kastriot!
Pse kështu? Oh, mjerë ne!
Ushtërinë pse e le
Therrur fushës për vajtim?"

U-përgjeq Skënderi, e tha:
"Dergjen mbytur nëpër gjak.
Thembr' e kalit i ka prak,
Po kështu e shkruar qe
Nga i Madhi Zot atje
Q'urdhëron çdo ushtëri.
Dhe ku kemi ne fuqi
Kur ngre dorën kundër nesh
Dhe na grryen si rrebesh?

"Lidheni, tha, me litar
Shkronjësin me kallamar!"
Dhe Qatipi tha: "Po ç'faj
Paskam bërë që Pashaj
M'a bën mua këtë gjë?"
U-përgjeq Skënderi e tha:
"Faj s'ke bërë asnonjë,
Po që të mos na shpëtosh,
Dhe të fshihesh e të shkosh,
Përandaj t'a bënj këtë."

Tani shkrua-më një shkrim
-Dhe për fis e paç bekim!
Me myhyrin e Dovletit
Për Mytesarifn e Mbretit
Që mban Krujën, një qytet
Rreth me mur e me hendek,
Të m'a kthenjë gjën' e atit
N'emrin e Sulltan Muratit;
Se çdo urdhër që të japë
Kurrë nukë merret prapë.

Dhe Qatipi u-krrus prej tmerrit
Dhe kështu i tha Skënderit:
"O Allah i math, i naltë,
Që të jemi hi e baltë!
Qysh t'i shkruanj këto shkrime
Kur e di që kokën time
Po m'a pret ay Dovlet?"

Shpejt ahere si një yll
Që këputet lark nga qjelli
Çpallet nga i arti myll
Një hanxhar me reze djelli
Dhe gjëmon Skënderi: "Shkruaj!"
Dhe Qatipi i tmerruar
Shkroj në dritën e drithmuar
Afër zjarrit, i dërmuar,
Flokë-bardhë, kokë-ngrirë,
Nga e ftohta i mërdhirë,
Zëmër-prerë, vdekje-grirë.

Dhe Skënderi prapë tha:
"Tani eja pas me mua

Se të mbetesh këtu s'dua
Do t'të kem si mik e vlla,
Gjithënjë do t'të nderonj
Me kujdes do t'të rrethonj
Sa të rrosh në këtë botë."
U përgjeq Qatipi e thotë:
"Udha jonë këtu ndahet,
Shoqëria jonë s'mbahet."

Pa mbaruar këtë fjalë
Një hanxhar i rëndë ra,
Kur s'ish afër asnjë tjatër
Dhe Qatipi po përmbyset
Si një gur që rrugulliset
Në liqen të zi dhe shket
Tatëpjetë dhe humbet;
Edhe rreth në qetësi
Asnjë pipëtim s'u-ndi
Përveç kalit Skënderbeut
Që përpjet' u-hodh prej dheut.

Pastaj sulet si shigjeta
Me tre qint pothua veta
Nëpër lum' e pyll e garth
Përmi malet Argjendar;
Dhe me zemrën plot gëzim
Kapërceu lumin Drin
Dhe u-gdhi e n'agullim
Pa kështjellën Ak-Hissar,
Krujën, ah atë qytet
Rreth me mur e me hendek,
Tek u-lint e tek u-rrit,
Yll mëngjezi mi të ndrit.

Dhe ahere trumbetarët
Brirëve t'argjëntë u bien
Edhe togje rreth i mblidhen
Turqit bashkë me Shqiptarët
Që dëgjuan atë thirrje.
Dhe kremtoj me miqt' e tij
Dhe u-ngrohnë me dolli.

Dhe u thotë: "Miqt' e mi,
Shihni fati ç'na dërgon,
Perëndia ç'na bekon!
Mbret Murati urdhëron
Mall' i gjërë i tim-eti,
Vend' i terë dhe qyteti
Të më jipen nga Dovleti."

Dhe pastaj me salltanet,
Veshur armët si një mbret,
Shkon kaluar në kështjellë
Edhe hyn nga port' e gjerë
Dhe pashajt që urdhëron
Përmi Kruj' i dorëzon
Urdhërin e Murat Mbretit
Me myhyrin e Dovletit.
Dhe Pashaj, si heshti, tha:
"Lavdi pastë Perëndia,
Ja ku hiqem nga fuqia.
Merr-e vendin dhe qytetin;
Kush lëfton dot me kësmetin?"

Nga kështjella shpejt ka rënë
Flamuri me gjysmë-hënë
Edhe populli shikon
Që në vënt të tij valon

Flamur' i Skënderit n'erë
Shkab' e zezë me dy krerë.

Dhe një thirrje lart-u-ngrit,
Se çdo zëmër e çdo shpirt
U-mërzit nga Turku i lik,
Q'e kish bërë atë Krujë
Zi, murtajë dhe rrëmujë.
Ay zë me gas me bujë
Q'oshëtin nga brek në brek
Është: "Rrofsh, o Skanderbeg!"

Ja kështu Skënderi trim
Mori Krujën me rrëmbim;
Edhe lajma u-përhap
Si një flagë, si një zjarr
Q'i fryn era në behar
Dhe qytetet afër larg,
Thotë Ben Isa Ben Miri
Në Qitap, të tij fakiri
"Binin m'atë lehtësi
Që zë burri veshn' e tij".

Eskili (525 - 456 p.e.s)

Prometheu i mbërthyer

Hefesti me Përdhunën dhe Pahirin e sjellin Prometheun të lidhur në një shkëmp të Kafkasit.

PËRDHUNA:
Arrimë tek m'i larkmi çip i dheut,
Në malet e pashkelur të Skithisë.
Ti, pra, Hefest, pas urdhrit atëror
Këtë keqbërës e mbërthe mi shkëmbin,
Dhe lidh-e me vargonj të paçkëputur,
Se lulen tënde, zjarrin kryemjeshtër,
T'a vodhi, ua fali njerësve.
Kështu mëkatin e tmerruar lan,
Mëson t'i unjet mbretërisë Jovit,
Dhe dorë heq nga helm' i njeridashjes.

HEFESTI:
Përdhunë dhe Pahir, për Ju të dy
Ndalim për porosin' e Jovit s'ka.
Po mua s'më bën zëmra ta mbërthenj
Gjirinë perëndi mi këtë shkëmp.
Mjerisht jam i shtrënguar ta zbatonj,
Se nuk e shkel dot urdhrin atëror.

(PROMETHEUT):
O bir i mënçur i Themidës drejtë
Pa dashur un' aspak, dhe ty pa dashur
Do të mbërthenj mi këtë shkëmp të shkretë,
Ku s'ke për të dëgjuar zë njeriu,
Ku do të piqesh nënë diellin,

Ku ditën do të preç notin' e natës
Dhe natën vapën brymë-shkrirëse,
Se do të përvëlonjë gjithënjë
Mundimi i së keqes së tanishme,
Se çlirimtari yt s'ka lindur edhe.
Këto t'i solli vepr' e njeridashjes.
Si perëndi, s'iu trëmbe perëndisë,
Dhe njerëzit pa mas' i pasurove.
Këtu, pra, u-dënove të qëndrosh
Tendosur, gju pa epur, dhe pa fjetur,
Këtu do të vajtosh me lot më kot,
Se Jovi s'ka mëshir' e nukë zbutet.
Çdo mbret i ri në krye ësht' i ashpër.

William Shakespeare (1564 - 1616)

Hamleti

Thuaj yjtë s'janë zjarr

Thuaj yjtë s'janë zjarr,
Thuaj dielli u shua,
Thuaj jeta është varr,
Po mos thuaj që s'të dua.

Të rrosh a të mos rrosh

Të rrosh a të mos rrosh – kjo është çështja:
M'e lartë është vallë të durosh.
Hobe, shëgjeta fati të tërbuar
A të përballsh një det të turbull helmesh
Me arm' e funt t'u japsh? Të vdeç – të flesh –
Jo më! – dhe me një gjumë të mbarosh
Çdo zemër-dhëmbje, mijëra tronditje,
Që trupi prej natyrës trashëgon.
Ja nje qellim që duhet dëshëruar

Me gjithë shpirt. Të vdeç – të flesh; të flesh?
E ndofta t'ëndërrosh! Ah, këtu ngec;
Se ç'ëndrra shohim n'atë gjumë-vdekje,
Pasi na shkundet kjo pështjellj' e mortme,
Kjo frikë na qëndron; ja arësyja
Që aq e zgjat një jetë me mjerime;
Se kush duron përbuzjen dhe kamçikn' e botës,
Zullumn' e shtypësit, përdhunën e krenarit,
Lëngimn' e dashuris' së papërfillur,

Vonimn' e ligj's, goj'-çthurrjen e zyrtarit,
Dhe shkelmet, që çdo vlerë zemërgjërë
Nga të pavlershmit merr, kur munt ta lajë
Hesapin fare me një copë thikë?
Kush vallë barra mban e kush dërsin,
Rënkon nënë një jetë të mërzitur,
Po vetëm tmer' i asaj diçka pas vdekjes –
Vendit të pazbuluar, nga s' na kthehet
Kurr' udhëtari – na trullos vullnetin,
Dhe vuajmë të ligat që po kemi
Se sa të hidhemi n'ato që s' dimë.

Kështu na bën ndërgjegja gjith'frikaçë;
Kështu dhe ngjyr' e gjall' e rezollutës
Sëmuret, verdhet nga hij' e mejtimit,
Dhe plane të mëdha e rëndësore
Ndalen, përçajnë rrjedhjen, dhe humbasin
Emrin e vepërimit. Hesht tani!
E bukura Ofeli! Ëngjëll, në lutjet
Mëkatet m'i kujto të gjitha…

Si t'a njoh trimin që më do vërtet

I

Si t'a njoh trimin që më do vërtet
Nga ndonjë tjatër trim?
Nga syri dhe nga zëmra që m'i flet
Zemrës e syrit tim.
Më vdiq, o shoqe, dhe më la,
M'a vunë në qivur;
Mi varrin bar tani më ka,

Mi kokën ka një gur.
Të bardhë si dëbor' e kish savanin
Me lule të stolisur,
I vogël e i math me lot e qanin
Me zemër të zalisur.

II

Shën Valentinin nesër po kremtoj
Dhe ngrihem në mëngjes
Dhe, vajzës, nga dritarja po i shkonj,
Se nukë munt të pres.
U ngrit ay ahere dhe u vesh
Dhe derën po ia çel,
Në dhomën brënda vajza hyn e qesh,
Po vajzë jashtë s'del.

III

Për Zotin Krisht, për Zonjën Shën Mëri,
Ajme, sa turp, sa keq!
E bën, kur e gjen rasjen djal'i ri,
Dhe vajza shkon në dreq.
I thot ajo: "Më bëre be, pa shtrirë,
Që do t'më merrnje grua!"
I thot ay: "Vërtet, po s'je e mirë,
Kur fle për turp me mua!"

Kur isha i ri kisha dashuri

Kur isha i ri kisha dashuri,
                              ah dashuri,
E kisha zëmrën plot me lumtëri,

69

Me nuse e me dasm' e me kurorë,
Isha si dash me brir' e me këmborë,

Po e pabesa pleqëri më theu,
                              ah më theu,
Me pançën e me thonjtë më mbërtheu,
Më çthuri, m'arratisi në kurbete,
                              ah kurbete,
Në male, në shkëmbinj, në pronj e dete.

Një bel, një bel, një kaz'm e një lopatë,
                              ah lopatë,
Dhe një savan i gjërë dhe i gjatë;
Një grop' e thellë dhe përsipër baltë,
                              ah moj baltë,
Kështu e do kjo mysafir' e naltë.

Miguel de Cervantes Saavedra (1547 - 1616)

Don Kishoti

Këtu prehet një bari

Këtu prehet një bari
Që na shtiu dashuri
Mi një egërsirë mali,
Dhe kështu na humbi djali,

Zemra se ç'iu përvëlua
Q'e përbuzi ajo grua
Dhe u doq ky trimi i ri,
Nga e flakta dashuri.

Këtu dergjet Don Kishoti

Këtu dergjet Don Kishoti:
Ish i fort' e ish i zoti,
botën prapa desh ta kthente
dhe me ushtën t'a mbërthente.

Këtu brenda fle Dylqinja:
se ç'këndonte si mëllinja!
Ish e kolme, rrumbullake,
faqe-kuqe, pupulake.

Këtu dergjet Sanço Pança:
si ai s'ka parë Mança!
E kish barkun sa një kosh,
e kish kokën fare bosh.

Këtu dergjet Rosinanti:
ishte më interesanti
nga çdo kalë që kulloti
barin që ka bërë Zoti.

Ah! Dashuria s'paska hiç mëshirë

Ah! Dashuria s'paska hiç mëshirë,
Se më ka shembur e më ka përpirë,
Se unë asnjë të keqe s'i kam bërë,
Që ma ka prerë shpresën me gërshërë.

Po, perëndi, kur qenka Dashuria,
Ahere siç na thotë Dituria,
Se merr kalemi që të na mundonjë
Dhe shpirt e zëmër të na përvëlojë.

S'them dot se fajin ma ke ti moj Fillë;
Nga mjalta jote s'del një helm i tillë,
Dhe kurrë s'them se vjen nga perëndia.

Ahere vdes, kështu e zgjidh problemin,
Se ndryshe s'kam sesi t'ia gjej melhemin
Lëngatës që s'i dihet katandia!

Jam marinar i dashurisë

Jam marinar i dashurisë
Dhe në furtun' e n'oqean
Plevas pa shpres' e midis zisë,
Se nukë shoh asnjë liman.

Si prijës kam një yll të zjarrtë,
Që për së largu e shikonj,
Nga Palinuri ndrit më kjartë,
Atë pasonj, atë vazhdonj.

Po nukë di se ku më shpie,
Sillem vërdall' aty-këtu.
Dhe here' hipënj, herë bie,
Si pas tallazit kuturu.

Kur yllin m'a mbulojnë retë
Dhe nëpër qjell s'e shoh gjëkund,
Humbas torruan në det të shkretë
Dhe frika zëmrën m'a lëkunt.

O yll i ndriçim, kij mëshirë,
Dil prap' e ndrit-më, se të pres;
Në perëndofsh një her' e mirë,
Ahere di-e se po vdes.

Male, pyje plot me fletë

Male, pyje plot me fletë
Të mbëdhenj e të përpjetë,
pa pushoni e më dëgjoni,
ejani më ngushëlloni,
për hatanë, për belanë,
për qederin, për sevdanë,
që më shthuri anembanë,
këtu qan trim Don Kishoti te dëllinja
për largimin nga Dylqinja
e Tobozës.

Te ky vend më solli fati,
fat' i zi e taksirati,
se si unë s'ka ashik,
dhe si unë s'ka besnik,
dhe kështu më mori djalli,
më svarnis për kapistalli,
pra nga halli e nga malli
këtu qan trim Don Kishoti te dëllinja
për largimin nga Dylqinja
e Tobozës.

Duke ndjekur aventyra,
te ky mal i shkretë hyra,
por më ndje'k nga pas sevdaja
më qëllon, më ndjek murtaja
me shigjetën e helmuar
dhe jam djegur, përvëluar,
dhe kështu i dëshpëruar,
këtu qan trim Don Kishoti te dëllinja
për largimin nga Dylqinja
e Tobozës.

Edgar Allan Poe (1809 - 1849)

Korbi

Një mes-natë të bezdisur
Tek këndonja i zalisur
Disa pralla dhe magjira
Të një shkence te harruar,
Tek dremitnja i kapitur
Befas vjen një e trokitur,
Me ngadalë e goditur
Përmi derë t'odës sime.
"Dikush është, thashë, jashtë
Që troket mi derën time –
Vetëm kjo, dhe asgjë më.

Ah, e mbanj nër ment fort mirë,
Ishte dimr' i ftoht' i ngrirë,
Dhe n'oxhakun shkrump të nxirë
Urët shuheshin në hi.
Desha të gëdhihej dita,
Se më kot nga librat prita
Të më ngushëllonte drita
Për të lumurën Lenore,
Vajz' e rrallë dhe rezore,
Q'i thon Engjëjtë Lenorë,
Përmi dhe pa emër më.

Era frynte që përjashta,
Rrihte perdet e mëndafshta
Dhe më ngjethte dhe më derthte
Tmerre që s'i ndjeva kurrë.
Dhe tani që të pushonte

Zemr' e mjerë që lëftonte
Goja po më belbëconte,
"Dikush do të hynjë brenda;
Nonjë vizitor i vonët
Që kërkon të hynjë brenda.
Kjo do jet' e asgjë më.

Mblodha veten menjëherë
Edhe frikë më pa ndjerë:
"Zot, i them, a Zonjë, fajin
Ndjemani, ju lutem shumë,
Se për Zotin po dremitnja,
Aq' e hollë ish trokitja,
Aq' e lehtë ish goditja
Përmi derë t'odës sime
Sa me-zi ma zuri veshi."
Dhe e hapa derën sheshit,
Errësir' e asgjë më.

Syrin thellë n'errësirë
Shumë ndenja në drithtirë,
Endërra duke shikuar
Që njeri s'ka ëndërruar;
Mirpo nat' e errët heshtte
Edhe tjatër gjë s'më theshte
Veç një emër që më deshte
Pëshpëritur si "Lenore!"
Këtë un' e pëshpërita,
Dikush m' u –përgjeq: "Lenore."
Vetem kjo, dhe asgjë më.

N'odë prapë me të kthyer
Shpirti ndezur, zemra thyer
Përsëri vjen një trokitje

Pak m'e fortë se më parë.
"Pa dyshim pa fjalë thashë
Dikush është aty jashtë,
Duhet vajtur, duhet parë
Që të zgjidhet ky mister.
Hesht, moj zemër e zhuritur,
Që ta zgjith këtë mister.
Era ësht' e asgjë më."

Hap ahere xhamën time
Kur me shumë fërfëllimë
Brenda hyn një Korb i mvrojtur
Madhështor i kohës vjetër.
As u fal as përshëndoshi,
As bën tjatër punë boshi
Po si zot më shkon trimoshi
Dhe qëndron mi derën time –
Ngjitet mi një bust Pallade
Mun mi derë t'odës sime –
Ngjitet, rri, dhe s'bën gjë më.

Më zu gazi, më shkoi tmerri
M'atë Korb të zi si Ferri,
Që po mbahej aq' i rëndë
Aq' i lartë dhe i thom:
"Ndonëse je perçe-prerë,
S'ka dyshim, je trim i ndjerë,
Korb i mvrojtur, i vrerosur,
Arratisur zall më zall;
Thuam' emrin tëntë me nam
Anës detit Plutonian!"
Thotë Korbi: "Kurrë më."

U çudita fort, pa masë

Kur dëgjova Korb të flasë
Ndonëse ajo përgjigjie
S'kishte as kuptim as lidhje;
Se asnjë s'munt të më thotë
Që nonjë njeri në botë
Gjer tani ka parë shpendë
Mun mi derë t'odës tij,
Shpend' a shtazë mi statujë
Mun mi derë t'odës tij,
T'emëruar "Kurrë më."

Mirpo Korbi rrinte shtruar
Përmi bustin e latuar
Dhe thosh vetëm atë fjalë
Që nga shpirti plot me flagë.
Asnjë pendë më s'lëviste
Asgjë tjater s'murmuriste,
Edhe zemra më thërriste:
"Miqt' e tjere ikn' e shkuan;
Nesër edhe ky do t'ikë
Si dhe shpresat që m'u-shuan."
Thotë Korbi: "Kurrë më."

I habitur nga përgjigja
Që më dha kur nuk e prisnja,
"Pa dyshim, kjo fjalë, thashë,
Ësht e vetëma që di,
Q'e mësoj nga i zot' i mjerë,
Derë-mbyllur, derë-sterrë,
Që e ndoqi, e dogji zia,
Dhe e shojti lebetia.
Gjer sa vaj' i shpresës tij
S'qe vec dëshpërim i zi
Dhe kurrë, kurrë më."

Edhe Korbi më mbërtheu
Dhe në gas buzën ma ktheu.
Shpejt, pra, një kolltuk rotova
Edhe derës iu afrova;
Dhe i ndenjur ëndërronja
Dhe me mendjen po kërkonja
Që të gjenja, të zbulonja
Ç'desh të theshte Korb' i zi,
Korb' i mvrojtur, i vrerosur
Arratisur zall më zall
Me dy fjalët "Kurrë më."

Këtë desha të çkoqitnja
Po as fjale nuk i flisnja
Korbit që me sy prej prushi
Zemrën si me zjarr ma mbushi;
Kështu rrinja i trallisur,
Pshtetur kryet mi përkresën
Kadifeje të qëndisur
Që e ndritte llamba sipër,
Mi të cilën ah, e mjera
Do mos pshtetet më përsipër
Do mos pshtetet kurrë më.

Era u dent përmi qilimet
Me temjan nga Serafimet
Që u tingëllinin zilet
Posht' e lart në dysheme.
"Ja, me Engjëj, mor i mjerë,
Të çoj Zoti këtë herë
Prehje, prehje dhe nepenthë
Të harrosh Lenorën lart.
Pi, gëlltit këtë nepenthë

Dhe harro Lenorën lart!"
Thote Korbi: "Kurrë më"

"Profet, thashë, nëmë-rëndë,
Po profet, qofsh djall a shpëndë!
Qoftë, se të çoj shtërgata
A Shejtan' i Ferrit zi,
Të përhumbur, të patrembur
Tek ky vend i shkret' i dhembur
Tek ky burg me tmerr i shembur,
Thuaj-më, vërtet, të lus:
A ka në Gallad ballsam?
Thuaj, thuajmë, të lus!"
Thotë Korbi: "Kurrë më."

Profet, thashë, nëmë-rëndë
Po profet, qofsh djall a shpëndë!
Për një Qjell dhe Perëndi
Që po lusim un' e ti,
Thuaj m'i zemrës që mban zi
A do shoh n'Eden të shenjtë
Vajzën a do kap të shtrenjtë,
Q'i thon' Engjëjtë Lenore,
Vajz' e rrallë dhe rezore,
Q'i thon' Engjëjtë Lenore?
Thotë Korbi: "Kurrë më."

Mbylle gojën, dreq a shpendë!
Ngrihem dhe thërres më këmbë,
Çporru prapë mu në djall,
Në Skëterrë dhe në zall!
Pendë mos më shkunt të zezë
Të më rrej' e të më ndezë,
Mos ler shenjë të gënjeshtrës

Që më the, po shko prej derës!
Nxirm'a qipin tënt prej zemrës
Thyej qafën jashtë derës!
Thotë Korbi: "Kurrë më."

Edhe Korb' i zi i humbur
Qëndron edhe i patundur
Mi të zbetin bust Pallade
Mun mi derë t'odës sime.
Edhe syte i shkëndritin
Si prej djajsh që ëndërritin
Edhe llamba që ndrit sipër
Ia heth hien përmi dhe;
Shpirti im nga ajo hie
Që valon atje mi dhe
Do mos ngrihet – kurrë më.

ANNABEL LEE

Ka shumë e shumë vjet
Në një vënt afër në det,
Ish një vajzë që muntni t'a njihni tani
Nënë emërin Annabel Li;
Dhe kjo vajzë më donte edhe tjatër s'kërkonte
Veç t'a deshnja sikundër më desh.

Isha i vogël dhe ish e vogël në vjet
N'atë vënt afër në det;
Po duheshin më tepër se me dashuri
Unë dhe im-Annabel Li;
Me një dashuri që dhe
Engjëjtë lart në lavdi
Që të dyve na kishin zili.

Andaj, tani e shumë vjet,
Tek ky vënt afër në det,
F'ryri veriu nga ret' e ma ngriu
Të bukurën Annabel Li;
Edhe motrat e saj ëngjëllesha
M'a rrëmbyen, m'a mbyllën në varr se e desha,
Dhe kështu më la shëndet
Nga ky vënt afër në det.

Engjëjtë që s'kishin sa ne dashuri
Që të dyjve na mbanin mëri.
Po – përandaj, siç e dini vërtet,
Tek ky vënt afër në det
Fryri veriu një nat' e m'a ngriu
E m'a vrau tim-Annabel Li.

Dashuria që kishim' ish m'e fortë se çdo dashuri,
S'e ka patur as plak as i ri,
As i marr', as i urtë njeri
Dhe as Engjëjt e qiellit në erë,
As demonët përposh në skëterrë;
Shpirtin tim s'munt t'a shqitin nga shpirti
I së bukurës Annabel Li.

Se tek hëna që ndrit, syri im ëndërrit
Për të bukurën Annabel Li;
Dhe çdo yll që shkëlqen syt' e ëmbël rrëfen
Të së bukurës Annabel Li;

Nat' e ditë e shoh, edhe zemrën m'a ngroh,
Shoq' e dashura ime, e mjera jetime,
Përmi varrin ku deti buçet,
I rri pranë mi varrin në det.

Charles Baudelaire (1821 - 1867)

Asaj që shkoj...

Rreth meje rruga ulërin dhe buçet.
E gjat' e hollë, sterrë, kujë madhështore,
Një grua shkoj me një fustan të zi për dore,
Q'e kolovitte posht' e lart me salltanet.

Si ëngjëll, si statuj' e gjallë vetëtin.
Si i shastisur dhe i çakërdisur unë,
Nga syr' i saj si qjell që mbrun furtunë
Thëthinja mjaltë që magjeps, dëfrim që grin.

Ia shkrepi dhe u-err. Moj flutur e farosur,
Që me vështrimin tënt më bëre flag' e furrë,
S'të shoh më vallë veç në jetën e pasosur?

Ah, gjetkë, tutje, tepër vonë, nofta kurrë,
Se unë s'di ku ike, ti ku shkonj' s'e di,
Të desha, moj, e dinje, vetë moj, dhe ti.

Kapaku i tenxheres

Kudo që vete nëpër tok' e nëpër det,
Ku klima ngroh, e dielli të ngrin mynxyrë,
Dishepull i Jesujt, a derr pa selamet,
Lipës i humbur, a miliunar i fryrë.

Fshatar a qytetar, i çkafët a tembel,
Me trurin që lëvrin, a që gërret e fle,
Njeriu, lëmsh prej një mysteri teveqel,

Më kot përpjet' i drithtëruar syt'i ngre.

Dhe qjelli si kube qëndron prej shpelle gufe,
Tavan i ndritur prej një operaje bufe.
Ku çdo xhambaz mi pellk prej gjaku po këcen.

Për mëkatarin tmerr, për murgun shpres' e murme,
Qjelli kapak po e mbulon tenxheren zhurme
Ku e padukur njerëzi' e zezë zjen.

Paul Verlaine (1844 - 1896)

Jetimi

85

Kam ardhur unë, një jetim,
Zengjin prej syve dhe belave
Në njerëzit e kasabave;
S'ma varrnë, s'më gjetnë qesqin.

Kur isha trim njëzetvjeçar,
U-përvëlova nga sevdatë,
I desha që të gjitha gratë;
S'më deshnë, më lanë beqar.

Pa patur mbret, vatan, a gjak,
Pa patur zëmër që të vrisnja,
Në luftë vajta që të vdisnja,
Po vdekja s'më përfilli aspak.

Kam ardhur von' a tepër shpejtë?
Ç'po bënj në botën un' i mjeri?
O shokë, më mbyti qederi;
Për mua lutuni, o të drejtë.

Fyodor Ivanovich Tyutchev (1803 - 1873)

Dashuria e funtme

Ah, kur na ngryset jeta, seç na tret
M'e nxehtë dhe m'e mprehtë dashuria!
Shkëndrit, moj dritë, që na lë shëndenë,
Moj dasmë e funtme, shkrepëti nga zia.

Nga lindja gjysm' e qiellit na u err,
Pak vetëm na shkëlqen nga perëndimi.
Qëndro, qëndro, moj mbrëmje plot me vrer,
Vazhdo, vazhdo, or diell ngazëllimi!

Nga dimr' i ftohtë gjaku na u mpi,
Por zemra ndrit me lul' e me lëndinë.
Moj nus' e funtme, helm e lumëri,
Ç'ma dogje, ç'ma gëzove pleqërinë!

Victor Hugo (1802 - 1885)

Les contemplations

Lule mbi varr

Menatë, nesër kur të zbardhet fush' e shkretë,
Do nisem. Se më pret, e di që jam vonuar;
Do shkonj nga pylli dhe mali i përpjetë;
Më tepër s'mund të pres lark teje i mërguar.

Do të bares me sytë në kujtimet kridhur
Pa par' asgjë, pa djer' asnjë shamatë;
I vetëm, i panjohur, krrusur, duarlidhur,
Vrerosur, edhe dita do të bëhet natë.

S'kam për të par' as perëndimin ar e zjarr
As lundrat me pëlhura tutje në luginë,
Dhe kur t'arrinj, me gjunjë do të vë mbi varr
Një tufë lule borsilok e trendelinë.

Vajtim për bijën

Tani që shkova nga Parisi i vështirë
Mermer, tavane, truall, mjegull nukë shoh,
Tani jam nënë lisa, nënë deg' i shtrirë,
Dhe bukuri' e qjellit mëndjen po m'a ngroh.
Tani nga zia që më çthuri si gërmadhë
I zbet' i gjallë dal,
Më hyn në zëmër paqja e natyrës madhe
Dhe qetësi më fal.

Tani me valat det' i gjerë më gostit,
Më prek i qeti, madhështori horizont;
Tani të thellat të vërteta po nxonit,
Dhe lulet e lëndinës syri m'i gëzon.

Tani, o Perëndi, po gjenj fuqinë sterrë
Të shoh me syt' e zes
Të shkretin gur nënë të cilin vajz' e mjerë
Fle gjumin pa mëngjes.
Nga pamjet perëndore mëndja m'u –ndriçua,
Nga fushat, pyjet, brigjet, lumi i kulluar,
Shoh vogëlinë time dhe çudit' e tua,
Mbleth mëndjen, di që je ti i math i pambaruar.

Ja ku të vinj, o Atë që besonj, o Zot,
Të sjell përunjësisht
Zëmrën që m'a ke mbushur me lavdi, dhe sot
M'a theve plotërisht.

Ja ku të vinj, o Zot, dhe prokllamonj që je
I mir' i ëmbl' i dhëmpshur, Perëndi i Jetës,
I vetëm që di se ç'bën edhe përse.
Njeriu është kallm i shëmbur i kënetës.

Të thom që varri, kur të vdekurin mbulon,
Portën e qjellit hap,
Që jeta jonë tatëpjetë kur mbaron
Përpjetë nis me vrap.

Je i pasosur, absollut, dhe i vërtetë
T'i vetëm, At i lartë e pranonj mi gju;
Pranonj që ësht' e mirë, ësht' e drejtë
Që zëmra m'u –përgjak, se Zoti e deshi ashtu.
Më s'kundërshtonj për asnjë gjë që po më ther,

Se ashtu deshe Ti;
Shpirti nga zi në zi, edhe nga vrer në vrer
Shkon në përjetësi.

S'po shohim kurr' asgjë përveçse nga një anë,
Tjatr' anë mbytet në mister e në furtunë;
Njeriu vuan nënë zgjedh' e s'e di shkaknë,
Çdo gjë i fluturon, asgjë s'i hyn në punë.

O Zot, përherë na rethon me shkretëtinë
Me pranga dhe me fre;
S'ke dashur kurrë të na japësh shigurinë
Dhe gazin përmi dhe.
Sa shohim një të mirë, fati na e tret,
S'na dhe asgjë në jetën rot' edhe rodhan
Që të qëndronjë dhe të thomi, mor aman:
Kam një shtëpi, një arë, dhe një dashuri.

Çdo gjë e shohim për një çast të kufizuar
Dhe mplakemi pa shtek;
Kështu na qënka, ashtu ka për të vazhduar.
Pranonj edhe s'e prek.

Kjo botë, o Zot, kjo harmoni e pandryshuar
Përbëhet me vajtime edhe me kremtime;
Bërthama jemi në tufan të pambaruar,
Të mirët hipin, dhe të liqtë zhyten në mundime.
E di, o Zot, ke punë shumë, dhe s'ke nge
Për ne të bëhesh vrer;
Për nënën vdekj' e foshnjës djek si një rufe,
Po ty s'të bën qeder.

E di që pema bie kur i fryn një erë,
Zogut i bie pënda, lulja shkunt aromën;

Kriesa është rot' e madhe si poterë,
Dhe sillet rotull dyke shtypur udhës llomën.

Se ditët, muajt, valet, sytë që vajtojnë
Kalojnë pa pushim,
Se bari do të mbinj, foshnjat do të shkojnë,
E di, o Zoti im.

Në qjellin tënt përsipër reve të vështira,
Në kaltësirën e patundur madhështore
Po mbrun e po gatit kush e di ç'mirësira
Ku hyn si pjes' e duhur dhëmbja njerëzore.

Për pllanet e panumërta që po përmban
Të duhet pa dyshim
Të mbytësh bukurit' e dheut në tufan,
Në zi, dhe në mjerim.
Kanunet që hartojnë fatin njerëzor
Nukë tronditen, nukë zbuten asnjë herë,
Se s'munt, o Zot, t'a çthurësh rendin botëror
I shtyrë nga mëshira për njerin' e mjerë.

O Zot i math, të lutem, hith një sy mi mua,
Shëroj-e shpirtin tim;
I ëmbël, i përunjur posi foshnj' e grua
Të vinj me adhurim.

Kujto, o Zot, që kam punuar që në krye,
Që jam përpjekur, jam mejtuar, kam lëftuar,
Natyrën kam shpjeguar plot me arësye,
Çdo gjë me kthjellësinë tënde e kam ndriçuar.

Detyrën time e mbarova besërisht
Përballa zëmërim,

Pra nukë prisnja me të drejt' e natyrisht
Nga ty këtë çpërblim.

Nuk e parëshikonja kurrë që dhe ti
Me krahun tënt të më goditnje munt mi kokë
Dhe mua që kam patur rallë prokopi
Të m'a varrosnje bijën kaq shpejt në tokë.
Me zëmrën të plagosur kaq rënd'u –drodha.
Të nëma me furi
Si foshnjë, edhe kundër teje nofta hodha
Një gur në det të zi.

Kujto, o Zot, njeriu po dyshon kur vuan,
Se syri që po qan verbohet n'errësirë,
Se në bodrum ku është nukë çpuan
S'të sheh, e s'të përfill, e s'të kërkon mëshirë.

Njeriu që fundoset thellë në greminë
Në pis' e në katran,
Nuk ësht' e mundur të gëzonjë qetësinë
Të yjeve në mejdan.

Sot unë, që si nënë isha i dobësuar,
Në këmbë të përunjem nënë qjell të lirë,
Nga hidhërim' i egër ndjenj që jam ndriçuar
Dyke shikuar gjithësinë ca më mirë.

O Zot, e di që jam i çmëndur pa kufi
Kur murmurit e shanj;
Pra hesht, e s'mallkonj, e s'akuzonj, po nem liri
Të çirem e të qanj.

Më ler me kuj' e lot, me vaj e vrer të ngrysem
Posa njerin' e bëre për litar dhe hu;

Mi këtë gur të ftohtë ler-më të përmbysem
Dhe të pyes: Moj bijë, a e di që jam këtu?

Më ler t'i unjem mbrëmane mi varr t'i flas
Kur bota rreth pushon,
Se nofta ëngjëlli në qjell, kur të bërtas,
Çel syt' e më dëgjon.
Ajme, për kohën e kaluar kam zili;
Tani asgjë në botë ngushëllim s'më sjell;
Përherë atë çast me sy e shoh tani
Kur hapi krahët edhe fluturonj në qjell.

Nuk e harronj gjer sat ë vdes çastin e zi;
Ç'të qava, o çast, më kot!
Bërtita: o Zot, qëparthi e kisha, dhe tani
S'e kam! dhe qanj me lot .

Zot, mos u –zëmëro që sillem si i egër;
Kjo plagë pikon gjak, dhe s'ka asnjë shërim;
Sa vete helmi ashpërohet ca më tepër;
Jam i përunjur, po s'kam më aspak durim.

Zot, mos u –zëmëro, faqen m'a dhe për hall,
Syrin m'a dhe për lot.
Po forcë dhe takat s'më dhe që t'i përballë
Zullumet bot e bot.
Shiko, fëmijët po na duhen pa dyshim,
O Zot; se fati na përmbyti n'errësirë,
Na thuri me andralla, helm e hidhërim,
Po një mëngjes na zbarth me hir edhe mëshirë.

Një foshnjë lint, një kok' e dashur dhe e shtrenjtë,
E vogël, gas përhap,
E bukur sa beson që dor' e saj e shenjtë,

Portën e qjellit hap.

E pashë lulen që Imzot në kopsht më mbolli,
U rrit me hir, me ëmbëlsi, dhe kthjellësi,
E dashura nga nata në mëngjes na solli,
Na ndriti si një diell zëmër dhe shtëpi.

Vazhdoj me vjete si i vetëmi gëzim
Që munda t'ëndërronj;
Tani, o Zot i math, kupton se ç'hidhërim
Po ndjenj që s'e shikonj. [1]

---

[1] Vjershëtori e shkroj më 1847, katër vjet pasi e bija 18-vjeçare u-mbyt tok me të shoqin 26-vjeçar në lumin Seine në një aksident.

Rudyard Kipling (1865 - 1936)

Në munç

Në munç të mbash në kokë terezinë
Kur shokët çmendër dhe fajtor të nxijnë;
Në munç të kesh besim, kur të dyshon
Kushdo, dhe s'ka njeri që të beson;

Në munç të preç, dhe pritjen s'e kursen,
Në të gënjefshin, ti nuk i gënjen,
Në të urrefshin, ti s'i çan me brirë,
Dhe s'hiqesh as m'i mënçim as m'i mirë.

Në munç të çndërrosh e të mejtosh,
Dhe nga këto në mos u robërofsh;
Në munç të preç triumfin dhe hatanë,
Dhe t'i shkelmosh të dy si kallpazanë;

Në munç të mbahesh, kur një dreq ta dreth
Të drejtën dhe në lak syleshin heth,
Kur sheh kalan' e jetës të rëzuar
Dhe prap e ngre me veglën e çkallmuar;

Në munç të vësh m'i grumbull çdo thesar,
Edhe t'i loç të gjitha me një zar,
T'i humpç edhe të nisësh përsëri
Pa thën' asgjë për këtë batërdi;

Në munç të kesh një zemër, trup e kokë
Që të shërbejnë sa të bëhen trokë,
Dhe të vazhdosh i djegur shkrump në furrë,
Dhe të thërret vullneti: "Mbahu, or burrë!"

Në munç të zbreç në turm' e të mbash nderin,
Të hash me mbretin, të pish me neferin;
Në mos të ngaftë dot as mik as hasmë,
N'i daç të gjithë, po asnjë për dasmë;

Në munç për çdo minutë të përpjetë
Të rënç tamam sekunda gjashtëdhjetë;
Zaptove dhenë me çdo mall dhe hir,
Dhe ca më mirë, qënke trim, or bir!

Alexis Felix Arvers (1806 - 1850)

Dashuria e fshehët

Në shpirt kam një sekret, në jetën një mister,
Një dashuri pa funt, të kapur në një vrap.
E keqja s'ka derman, pra sheshit nuk e nxjer,
Dhe ajo që e shkakëtoj s'e mori vesh aspak.

Ajme, kalova pran' asaj i pashikuar,
Përherë afër saj, po i vetëm gjithënjë,
Dhe jetën përmi dhenë e kam mbaruar
Asgjë pa lypur fare, edhe pa marrë asgjë.

E ëmbl' e dashur, Zoti siç e ka krijuar,
Vazhdon udhën e saj pa ndjerë e pa dëgjuar
Sevdanë e murmuritur çap për çap kudo.

E lidhur pas detyrës saj të patronditur
Kur të këndonjë këtë vjershë e çuditur
Pyet seç grua qe, dhe s'di që ish vet' ajo!

Johann Wolfgang Von Goethe (1749 - 1832)

Poezi gjermane

Qetësia

Përmbi çdo majë mali
Ka qetësi;
Mi asnjë majë mali
Asgjë s'lëvis,
As pipëtin;
Në pyllin zoqt' e vegjël po pushojnë:
Prit pak, se shpejt a vonë
Gjen qetësi dhe ti.

Vija

Moj vij' e kthjellt' e kjart' ergjënd,
Ngaherë rent nga vënd në vënd
Në breg qëndronj dhe po mejtonj:
"Nga po më vjen, ku po më shkon?"

"Vinj prej një burgu shkëmp greminë
Rrjeth nëpër lule dhe lëndinë,
Qiellin e kaltër bukuri
E pasqyronj me dashuri."

Kënga e natës

Që nga jastëku i butë i qendisur
Dëgjo-më pak, kur ëndërronj

Kur los vjolinë e zhuritur:
Fli! Tjatër gjë, mor xhan, ç'kërkon?

Kur los vjolinë i zhuritur,
Tabor' i yjve m'a bekon
Çdo ndjenjë lart nga qielli zbritur:
Fli! Tjatër gjë, mor xhan, ç'kërkon?

Çdo ndjenjë lart nga qielli zbritur
Më ngre përpjat' e më shpëton
Nga zhurm' e dheut e mërzitur
Fli! Tjatër gjë, mor xhan, ç'kërkon?

Nga zhurm' e dheut e mërzitur
Më shqit edhe më lumëron,
Më fal mëngjsen' e alladitur,
Fli! Tjatër gjë, mor xhan, ç'kërkon?
Më fal mëngjsen' e alladitur,
Për gjumë n'ëndërr më dëgjon
Ah, nga jastëku i butë i qëndisur:
Fli! Tjatër gjë, mor xhan, ç'kërkon?

I perëndishmi

Vetëm njeriu ka në dorë
Të bënjë të pamundurën;
E ndan të bardhën nga e zeza,
Zgjeth e gjykon;
Di dhe zgjeron,
Çastin e vogël e madhon.

Vetëm aty ka zotësi
Të mirin t'a çpërblenjë,

të ligun t'a dënojë;
Të shëronj' e të shpëtonjë,
Të bashkonjë për shërbim
të lajthiturit e t' arratisurit.

Kështu pra, i nderojmë
Ata që janë të pavdekur
Sikur të kenë bërë madhërisht
Atë që më i miri vogëlisht
Ka bërë e ka dëshëruar.

Burri bujar duhet të jetë
Gati për ndihmë dhe i mirë;
Duhet të jetë i palodhur
Për shërbim e për të drejtë;
Duhet të jetë një pasqyrë
E Shpëtimtarit që po ëndërrojmë.

Heinrich Heine (1797-1856)

Grenadirët e Napoleonit

Për Franc' u nisnë të dy grenadirët;
Na ishin zënë robër në Rusi,
Dhe në kufi të Nemces kur arrinë
Kokën e varn' e zunë vaj e zi.

Dëgjuan lajmën q'u pikoj në xhan
Që Franca ish e humbur plotërisht,
Q' asqer i Math ish mundur, mor aman,
Dhe Mbreti or Mbreti na u-zu jesir.

Ahere qanë hidhur grenadirët
Kur muarnë mandatën për vajtim;
Dhe njëri tha: "Ajme, zëmra më çiret,
Më ther një plag' e vjetër pa shërim!"

Dhe tjatri tha: "Havazi mori funt!
Njëlloj të vdes me ty dhe unë dua,
Po kam foshnj' e grua në katunt
Dhe do të mbeten udhëve pa mua."

"Or mall s'të kam për foshnj' e grua plakë,
kam një dëshirë më të lart', o bir;
ngordhçin të gjithë rrugës liparakë,
kur Mbreti or Mbreti na u-zu jesir.

"Këtë dëshirë m'a mbaro, or vlla,
nëqoftëse tani të le shëndet:
trupin m'a shpjerë në Francë, në vatan,
në Francë më mbulo me salltanet,

"Kryqin kordhelë-kuq, nishanin tim,
m'a var, të lutem, përmbi zëmrën time,
dhe në të djathtën nem dyfekun tim,
edhe në brezin ngjish-më shpatën time.

"Kështu pra, do të shtrihem, do të pres
në varr si në kaushin gardian
gjer ditën kur topi gjëmon, kërcet,
dhe kali hingëllin mbi çdo dushman.

"Ahere Mbreti më kalon mbi varrin,
këllçet, vetëtijn' edhe kërcasin;
dhe unë i armatosur dal nga varri
dhe Mbretn or Mbretn' e mpronj të mos m'a ngasin." [2]

---

[2] Kur u-botua kjo vjershë për herën e parë, kundrështarët e akuzuan vjershëtorin si monarkist e tradhëtor. Akuza ish e pathemeltë. Vjershëtori e adhuronte Napoleonin si liberator ndërkombëtar, dhe kishte shoke me ato ndjenja në tërë botën Evropiane. Këtë vjershë elegjiake të mallëngjyer e pavdekësoi si këngë me muzikë Robert Schuman-i, kompozitor Gjerman.

Leib Naidus (1890 - 1918)

E *dua pyllin*

E dua pyllin e përpjetë
Q'arrin në qiell ku djelli ndrit;
Ah jo, jo pyllin, po patekën
që përmes pyllit më shëtit.

Dua patekën që ka vetëm
Ca lule t' egra dhe ca gjëmba;
Jo, jo patekën, po shtëpin e shkretë
Ku shpie kjo patekë brënda.

Dua shtëpin' e gjelbëruar
Në mes të pyllit si kuvli,
Jo, jo shtëpinë, dua zogën,
Një vajzë q'atje brënda rri.

William Knox (1789 - 1825)

Kotësia njerëzore

Përse njeriu është kryelartë?
Si re e shpejtme, meteor i zjarrtë,
Si dritë vetëtin si valë na vëngon,
Nga jeta në pushim, në varr kalon.

Nga dushku dhe nga shelgu bje çdo fletë,
Përndahen rotull, shtrihen tatëpjetë,
Të vogla, të mëdha, të ra, të thata
Përmbysen tok dhe hidhen në gërmadha.

Kurora e një kokë mbretërore
Me mitrën dhe me krabën priftërore,
i dituri dhe trimi zëmërmadh
Mbërthehen në qivur, zbresin në varr.

Çdo shpresë, dëshpërimi, helmi gazi
Çkallmohen nga tufani dhe porjazi,
Çdo lot e buzëqeshje, vaj e valle
Dëshmohen posi vala nëpër zalle:

Shkëndij' e syrit edhe frym' e jetës,
Lul, e shëndetit, edhe shkrumb' i vdekjes,
Rrëzohen në savan nga kulm' i artë:
Pra, qysh njeriu është kryelartë?

Chidiock Tichborne (1563-1586)

Në vengjillen e vdekjes

Lul' e rinisë m'u-bë vurk merakesh,
e kremt' e gazit m'u-bë vurk mëkatesh,
Gruri që kora dolli egjr' e therme,
E tër' e mira ime dolli shpres' e vrerme
Dita më shkoj, dhe dielli s'e pashë,
Tani po rronj, tani jetën e lashë.

Halli m'u-duk, po unë nuk e çfaqa,
Pema më ra, po fleta s'm'është tharë,
Rinin' e kam mbaruar, po s'u-mplaka,
E pashë botën, bota s'më ka parë,
Peri m'u-pre, po i patjerur rashë,
Tani po rronj, tani jetën e lashë.

Kërkova vdekjen dhe zemr' e gjeta,
Kam dashur jetën dhe kufomë mbeta,
Barita tokën, varrin tim miha,
Tani po vdes, kur jetën time nisa,
Kupa m'u-mbush, tani m'u-zbras, u-vrashë,
Tani po rronj, tani jetën e lashë.

104

FJALIME

FJALIM I FAN NOLIT NË PARLAMENT

...*E para* Anarkia fetare: katër fe të ndryshme që nuk kanë zënë rrënjë në zemrën e një populli pagan.

E dyta Anarkia sociale: Këtu s'ka as klasë bejlerësh, as klasë bujqësh, as klasë burzhuazie. Këtu bujku është më bejse beu dhe beu më bujk se bujku. Kemi një shembull të bukur për partinë popullore e cila mbahet sot në fuqi prej bejlerëve nga oxhakët më të vjetër, kurse anatarët e saj lëvdohen se kanë shpëtuar prej bejlerëve.

E treta Anarkia morale: Këtu qeni nuk e njeh të zonë, këtu karakteret dobësohen, qullosen dhe ndërrojnë formë e ngjyrë dita me ditë si në kaleidoskop. Këtu ambicjet janë pa fre e pa kufi, këtu i padituri i di të gjitha dhe i pazoti është i zoti për të gjitha.

E katërta Anarkia patriotike: Këtu brenda një dite si me magji tradhëtori bëhet patriot dhe patrioti tradhëtor. Këtu shohim përpara syve tanë të kapërdisen si patriotë të mëdhej ata që kanë luftuar për harfet dhe për flamurin e babës, që kanë djegur Shqipërinë e Mesme ose ata që janë puthur me andartet e i kanë ndihmuar shenjtërojnë anë e mbanë Toskërinë. Këtu si më thoshte një mik është më mirë që njeriu të jetë tradhëtor e të shikojë interesat e tij sepse kështu do të jetë i sigurtë që të nesërmen do të prokllamohet patriot i madh.

E pesta Anarkia e idealeve : Këtu idealet e shtrembëra, të errëta e të mumifikuara të Fanarit e të Buhares përfyten e përleshen në një luftë për jetë a vdekje me idealet më të gjalla më elegante e më të nderitshme të Perëndimit. Na mungojnë vetëm idealet e antropofagëve. Po për të zënë vendin e tyre kemi kolltukofagët, krimba të verdhë me kokë të zezë, që rriten me plagët e infektuara të Shqipërisë në lëngim, këpuseh që mund ti copëtosh, por jo ti shqitësh nga trupi që kafshojnë dhe thëthijnë. Herodi tregon se në betejën navale të Salaminës, një athinas kapi një anije persiane me dorën e djathtë e s'e lëshonte, gjersa ja prenë;

atëhere e kapi me dorën e mëngjër, ja prenë dhe këtë, atehere e kapi me dhëmbë e s'e lëshoj gjersa i'a prenë kokën. Sikur të ngjallej Herodi përsëri do të shikonte që kolltukofagët tanë janë më të fortë se ky trim legjendar i vjetërsisë antike. Që t'i çqitësh këta tanët nga kolltuku duhet preç jo vetëm duart e kokën po dhe këmbët e trupin

"Nga një fjalim i mbajtur nga Fan Noli në Parlamentin Shqiptar në 1924"

Fjalim i Fan Nolit në "Vatra"

...Ne nuk e inventuam, nuk e çpikmë patriotizmën shqiptare, e gjetëm. E vetmja gjë që bëmë, është që atë patriotizmë që ekzistonte midis shqiptarëve u përpoqmë t'a organizojmë, t'a kanalizojmë. Tashi, arësyeja për të cilën na vajti puna mbarë, ishte se kishim një popull me të vërtetë i cili e deshte Shqipërinë. Edhe një popull i cili, jo vetëm kishte patriotizmë, virtytin e patriotizmës, por kishte edhe disa virtyte të tjera, nga të cilat do të numëronj vetëm një, të cilën na e kanë thënë që të gjithë të huajt të cilët kanë vizituar Shqipërinë. Kur hyri Shqipëria në Lidhjen e Kombeve, përfaqësonjësi i Hindit Muhamed Aliu, u bëri këtë lëvdatë shqiptarëve: Sot, tha, bëmë punën më të bukur që qasmë Shqipërinë në Lidhjen e Kombeve. Ky është i vetmi vend në këtë botë i cili ka një shumicë muhamedane edhe na dërgon këtu si përfaqësonjës një peshkop ortodoks

Fjalim i mbajtur në takimin e shoqërisë "Vatra" në SHBA, më 1963.

Fjalim i Fan Nolit në Asamblenë e Lidhjes së Kombeve

…Kam frikë se më i nxehti paqedashës, po t'i hedhë një sy veprës së kryer nga Lidhja e Kombeve gjatë këtyre 5 vjetëve, do t'i ngrejë duart drejt qiellit nga dëshpërimi dhe do të bërtasë : " Oh! Më mirë luftë sesa të gjitha këto llomotitje të mërzitshme për paqen!" Ç'kemi bërë për paqen? Çfarë bëjmë tani në këtë çast në këtë Asamble? Ajo që është bërë këta 5 vjet të shkuar pushon qetë-qetë në paqen e përjetshme, mbyllur fort, varrosur në dosjet e vdekura të Sekretariatit, të ruajtura me kujdes prej atij fort të ndershmit e të shquarit xhentëllmen, që është Sekretari i Përgjithshëm i Lidhjes së Kombeve. Është e vërtetë që Lidhja e Kombeve ka bërë disa shërbime të vogla për paqen në përgjithësi dhe në veçanti nuk lejoi copëtimin e Shqipërisë, duke siguruar kështu paqen dhe rendin në Ballkan.

Siç e dini, Shqipëria ishte një kaçkë e fortë për t'u thyer dhe më e rëndë për t'u ndarë, kështu që Lidhja e Kombeve me mençuri vendosi ta lërë Shqipërinë të qetë, të lirë, të lagur nga valët e Adriatikut. Por, ju lutem, zoti Sekretar i Përgjithshëm, përse refuzoni t'i jepni Shqipërisë një hua që do t'i lejonte të ecte vetë? Ne nuk na duhen më tepër se 300 milion fr. ar. Apo më shumë? Atëherë po bëj gjestin elegant të zbres në shumën modeste prej 200 milionësh. Ju tundni kokën. E po jam gati të hyj në bisedime për një shumë më të vogël, p.sh., për 100 milionë. Më falni, mos pretendoni se nuk më keni takuar kurrë dhe, pra, nuk jeni i predispozuar të më jepni asnjë dhjetësh? Atëherë merreni këtë kërkesën time dhe varroseni në dosjet e vdekura të Sekretariatit, kyçeni mirë dhe mbyteni fort përpara se ta futni nën akropolin tuaj, sepse mund t'ju dalë nga varri.

Ndoshta, Sekretari i Përgjithshëm ka dashur të thotë se ai nuk dëshiron që të hyjë në bisedime për një hua me një qeveri kryengritëse, që nuk ka parlament, një qeveri si ajo që kryeson i përunjuri prift që po ju flet. Po a e dini ju se ç'është parlamenti? Pa dyshim e dini. Por do të keni një ide më të qartë kur t'ju them ç'mendoj për të. E, pra, parlamenti është një sallë ku mblidhen politikanë pa shpirt për të bërë prova operate (vivisectionner) në trupin e gjallë të rracës së tyre, një sallë plot me gazra helmuese, gazra mbytëse, gazra që shkaktojnë lot dhe të qeshura dhe gjithë gazrat e tjera që u përdorën gjatë luftës së fundit për t'u dhënë fund gjithë luftërave e për të vendosur paqen, atë paqe për të cilën po flasim.

Por, pasi ngulni këmbë, ne nuk refuzojmë të bëjmë zgjedhje të reja e të thërresim atë plagë, atë fatkeqësi të madhe, atë bestytni të shëmtuar, që është parlamenti, pasi të kemi bërë dy ose tre vjet qeverimi atëror. A do të pranoni atëherë, z. Sekretar i Përgjithshëm të më jepni pas tre vjetësh atë huanë prej 400 milionë fr.ar., për të cilën ramë dakort para disa minutash? Ju përgjigjeni prapë "Jo". E dija.

Mirë, pra, le të flasim për paqen. Më duket se nuk ka gjë tjetër më të keqe se sa të bëjmë këtë. Them "më duket" – I guess – sepse dua që ju të gjithë të dini se unë kam banuar për shumë vjet në Amerikë, në Boston, një qytet që ndodhet diku në Irlandë dhe që është i mbushur me O' Connors, O' Connells dhe Fitzgeralds, të gjithë folës të mirë, folës fort të shquar, të cilët, bashkë me irlandezë të tjerë të ardhur nga qytete të tjera irlandeze, marrin përsipër gjithë barrën e të folurit në fushatat elektorale amerikane. Do të doja që kolegët tanë të nderuar, përfaqsuesit e Republikës së Irlandës, të sjellin këtu disa nga këta oratorë të mbaruar për të na mbytur me fjalime për paqen.

Nuk është aspak për t'u çuditur që amerikanët, gjermanët dhe rusët nuk kanë fort dëshirë të hyjnë në Lidhjen e Kombeve. Duket se nuk e çmojnë elokuencën tonë, punojnë me mend. Për emrin e Perëndisë, z. Kryetar, pse nuk i jepni fund këtyre llomotitjeve dhe pse nuk më jepni atë hua prej 500 milionësh fr.ar., që më premtuat para se ta merrja fjalën?

Dhe tani që iu përgjigja pyetjes së parë: "Ç'ka bërë Lidhja e Kombeve këta 5 vjetët e fundit?", më lejoni të vij te pyetja e dytë dhe e fundit: "Ç'të bëjmë ne tani në këtë Asamble?" Përgjigja është shumë e lehtë. Do ta gjeni te Shekspiri: "Fjalë, fjalë, fjalë", dmth erë e asgjë më tepër. "Është një përrallë e dhënë prej një idioti plot me bujë e tërbim, pa kurrfarë kuptimi."

Cili është përfundimi i gjithë këtyre bisedimeve të mençura e të thella mbi çarmatimin dhe traktatet e arbitrazhit? Këto çështje iu dhanë për shqyrtim një komisioni, që do t'ia kalojë një nënkomisioni, i cili do t'ia parashtrojë konkluzionet e tij një konference që do të mblidhet së shpejti, dhe kjo konferencë do t'ia dërgojë përsëri këto çështje një komisioni, pastaj një nënkomisioni, i cili do t'ia referojë komisionit që do t'i dërgojë një raport konferencës. Konferenca do të votojë njëzëri një rezolutë dhe kjo e fundit do t'i jepet për shqyrtim Këshillit të Lidhjes së Kombeve. Këshilli, nga ana e tij, do t'ia kalojë këtë rezolutë Asamblesë së ardhshme atje lart në qiell. Dhe kur këto çështje të kenë bërë këtë cikël poetik zvarritjesh e kundërzvarritjesh, raportesh e kundëraportesh dhe mendimesh konsultative, atëherë do t'i dërgohen së fundi Sekretarit të Përgjithshëm të Lidhjes së Kombeve, i cili do t'i mbyllë me kyç mirë e mirë dhe do t'i varrosë në dosjet e vdekura të Sekretariatit, ku do të mbahen brez pas brezi.

Dhe kjo do të thotë, natyrisht, se e gjithë kjo histori ka mbaruar siç mbarojnë flluskat e sapunit. Por ç'fjalime, ç'fjalime të bukura, të fryra e të stërfryra do të shoqërojnë këto rezoluta e këto dëshira! Sa fort i dua! I dua "me atë erën e keqe të moçaleve të fëlliqura, si kërma të pambuluara që helmojnë ajrin ku marr frymë." Por ja, përse jua drejtova fjalën sot.

Dhe meqënëse po flasim për flluska sapuni, a mund të bëj disa vërejtje lidhur me flluskën më kolosale që ka nxjerrë historia moderne, dua të them për planin Daues (Dawes). Por a është vërtet një flluskë? Jo, është një kombinacion flluskash, kombinacion hipokrit, i ndërlikuar, djallëzor, infernal. Nuk është një flluskë ordinere, është një superflluskë. Por është e kotë të trembeni. Do të mbarojë edhe kjo fatalisht si të gjitha flluskat e vogla që ne lëshojmë këtu. Është tepër e ndërlikuar që të mund të ketë sukses; ajo mund t'i sigurojë ndonjë post nënpresidenti autorit të saj të shquar; por kam frikë se nuk do të dalin prej andej veçse shumë pak miliarda raparacionesh për Francën dhe Belgjikën. Këto të dyja vërtet t'i marrin. Nuk është aspak qëllimi im që t'i mërzis, por ky është fati. Kjo superflluskë e gjeneralit Daues do t'i përcillet, në fund të fundit, Lidhjes së Kombeve.

I dashur Sekretar i Përgjithshëm, përgatitni, ju lutem, një kënd të thatë, një kënd shumë të thatë në varrin e dosjeve të vdekura, sepse ju e dini se z. Daues është amerikan dhe se Amerika është një vend i thatë , megjithëse nga koha në kohë, me rrugë të nëndheshme, ajo njomet vetëm sa për t'u zbavitur, falë përpjekjeve të kontrabandistëve.

Duke folur për flluska, përsëri më vjen në mend ajo huaja e bekuar prej 600 milionësh, të cilën i nderuar Kryetar i kësaj Asambleje, si dhe i dashur Sekretar i Përgjithshëm, më premtuan për Shqipërinë disa minuta më parë. Kjo hua është një flluskë paqeje, një flluskë paqeje fort konsistente. Por jo, nuk është aspak një flluskë; ajo që doja të thosha është se kjo hua mund të përgatitë paqen në Ballkan, ajo mund të lehtësojë realizimin e konfederatës ballkanike; por ia vlen të flitet për të? Z. Sekretar i Përgjithshëm, merreni dhe atë dhe futeni në varrin e dosjeve tuaja të vdekura, futeni në nekropolin tuaj.

Pasi iu përgjigja dy pyetjeve që shtrova, më mbetet tani të nxjerr konkluzionin, të cilin do ta diskutoj në trajtën e dy pyetjeve të tjera. Para së gjithash në dritën e fakteve që u përmendën, a e vlen barra qiranë që të kemi një Lidhje të Kombeve? Së dyti, në rast se e vlen, cila duhet të jetë metoda për t'ia arritur qëllimit, që është paqja universale?

Pyetjes së parë do t'i përgjigjem në mënyrë pohuese. Edhe sikur Lidhja e Kombeve të jetë një ëndërr, një utopi që i bën skeptikët të tallen e të shtrembërojnë buzët, ajo duhet të qëndroj aty si një ideal që interpreton aspiratat më fisnike të njerëzimit, ajo duhet të qëndroj aty si një sfidë kundër lavdisë groteske militariste. Ajo duhet të qëndroj aty si një pohim solemn i vullnetit universal për paqen, ajo duhet të qëndroj aty derisa bukuria e saj, fisnikëria e saj, shpirti njerëzor i saj, nevoja e domosdoshme e qenies së saj të kuptohen nga e gjithë bota. Sepse, fundi i fundit, me gjithë të metat që ka sot, ajo meriton të pritet me këto fjalë:

"Verweile doch, Du bist so schon!" ("Oh, megjithatë qëndro, ti je

kaq e bukur"!)

Përse të jemi kaq pesimistë? Aspiratat për paqe i kemi kudo dhe për këtë s'ka asnjë dyshim. Përndryshe, ne nuk do të kishim as komedinë e flluskave e superflluskave, që po na mbulojnë. Dhe pikërisht sepse popujt duan paqe, burrat e shtetit, politikanët u servirin atyre kohë pas kohe flluska arbitrazhi, flluska çarmatimi, flluska sigurimi dhe superflluska raparacionesh.

Por paqja nuk do të vijë prej traktateve; këto janë të destinuara të hidhen shpejt a vonë në shportë. Paqja do të vijë nga edukimi shkollor. Duhet t'u mësojmë fëmijëve tanë se vrasjet me shumicë janë po aq krim sa edhe vrasjet me pakicë. Duhet t'u mësojmë se ka vetëm një perëndi që duhet t'i shërbejnë, Perëndia e njerëzimit, i njëjtë për të gjithë tributë. Duhet t'u mësojmë të bëhen anëtarë të ndershëm të supershtetit që do të përmbledhë të gjitha tributë, të bëhen qytetar fisnikë të federatës së përbotshme, që është në realizim e sipër dhe që do të realizohet me siguri. Kur fëmijët tanë të kenë mësuar këto të vërteta të thjeshta, atëherë nuk do të kemi vetëm çarmatimin moral që do t'i paraprijë çarmatimit material, do të kemi gjithashtu bashkpunimin e vërtetë të të gjitha racave të botës për sigurimin e paqes, progresit dhe prosperitetit ndërkombëtar. Të gjitha të tjerat sillen rreth kësaj. Këtu qëndron thelbi i çështjes.

Por përpara se të vijmë aty, duhet të pranojmë njëherë se jemi të gjithë tribu të egra, derisa i bëjmë kurbane njerëzish Molohut të tribusë. Oh, vritini, varini, ndiqini, në të katër anët e botës këto hyjni barbare e antropofage, që e kanë mbushur historinë e njerëzimit me kaq vuajtje e urrejtje, me kaq rrëfime, me kaq gjak, me kaq tmerr! Vështroni sytë e njerëzimit që vuan pas shkatërrimeve të luftës botërore. Nuk ka dhembje që të mos krahasohet me dhembjen e tij; asnjë sakrificë nuk do të ishte tepër e madhe për t'i shpëtuar fëmijët tanë nga luftëra të reja dhe lot të tjerë.

Përpara, o shokët e mi! Bota është gati për Ungjillin e ri. Flamuri i Lidhjes së Kombeve është më fisniku që është ngritur deri më sot. Ushtarët e saj janë më trimat që ka nxjerrë bota ndonjëherë. Qëllimi i saj është maja e përparimit të njerëzimit. Shpirti i Uillsonit, ati dhe profeti i saj, na udhëheq. Vështirësitë janë tepër të mëdha, por shtrini kurajën tuaj deri në pikën e fundit mundimet nuk do t'ju venë kot.

Fjalimin i mbajtur në Asamblenë e Pestë të Lidhjes, më 10 shtator 1924

FJALIM I MBAJTUR NË MITINGUN E BERLINIT

Në Ballkan, që kur ekzistojnë shtetet e pavarura, ka pasur vetëm një mënyrë drejtimi: terrori fashist, me të vetmin ndryshim se përpara Luftës u vinte turp për këtë dhe orvateshin të ruhej pamja e jashtme, pas Luftës krenohen për këtë. Musolini i ka mësuar diktatorët e Ballkanit, se zhdukja e të gjitha lirive do të thotë shpëtim i shtetit, dhe se shtypja e punëtorëve, e fshatarëve dhe e pakicave është një vepër heroike fort e lavdishme. Ungjilli i Musolinit, nën mbrojtjen e Anglisë ka bërë për vete Ballkanin. Dhe për çudi nxënësit e tij e kanë tejkaluar sa s'ka më mirë. Kush do që të ketë një ide se çfarë është terrori fashist, ai duhet të shkojë jo vetëm në Itali, por edhe në Ballkan, jo vetëm në Romë por edhe në Beograd. Atje sundon gjeneral Zhivkoviçi me Dorën e tij të Bardhë. Atë e quanin prijësin e Dorës së Zezë. Në të vërtetë ai është pastruar dhe larë në pellgun e përgjakur të Luftës Botërore. Vrasja e mbretit Aleksandër dhe e mbretëreshës Draga, vrasja e arkidukës Ferdinand, vrasje këto që i vunë xixën Luftës Botërore, vrasja e udhëheqësit të fshatarëve kroatë Radiç, masakrat sistematike kundër bullgarëve në Maqedoni dhe shqiptarëve në Kosovë, shkurt, historia e kredhur në gjak e shovinizmit panserb është vepër e kësaj klike ushtarake që quhet Dora e Zezë ose Dora e Bardhë.

Vitin e kaluar ajo ka hedhur në shportën e letrave kushtetutën dhe të gjitha ligjet e vendit dhe ka shpallur diktaturën fashiste dhe terroriste të formës më të kulluar. Nuk ekziston kurrfarë ligji, përveç arbitraritetit të tiranëve. Nuk ekziston asnjë e drejtë dhe asnjë liri, përveç robërisë. Dhe çfarë është më keq, për disa popuj të shtypur si maqedonasit dhe shqiptarët e Kosovës nuk ekziston si dikur as e drejta për të jetuar. Ata kanë të bëjnë me një fakt të vrazhdë: shpronësim, shfarosje, shpërngulje masive. Dhe këtu nuk bëhet fjalë për të ashtëquajturat pakica, por edhe për popuj kompaktë. Dihet që serbët që sundojnë në Jugosllavi janë pakicë: ata formojnë rreth një të tretën e popullsisë. Mbi dy të tretat e formojnë popujt e shtypur dhe pakicat, pikërisht kroatët, sllovenët, boshnjakët, maqedonasit, shqiptarët, malazeztë, gjermanët, hungarezët, çifutët, vllehtë etj.

Regjimet në vendet e tjera të Ballkanit janë me disa variante gati si ai në Jugosllavi. Mjafton vetëm të sjellin në mend emrat e diktatorëve: Muniun e Rumanisë, shtypësin e Besarabisë, të Transilvanisë dhe të Dobruxhës; Lapçevin, Cankovin dhe kompani të Bullgarisë, xhelatët e 25000 punëtorëve dhe të fshatarëve; Ahmet Zogun e Shqipërisë, i cili për një kurorë mbretërore e ka bërë vendin e vet koloni italiane; Venizelosin e Greqisë, i cili vendin e vet e futi në pesë luftëra të ndryshme. Dhe të gjithë këta diktatorë janë zënë me njëri-tjetrin. Shtoji kësaj antagonizmin midis Francës dhe Italisë, që duan të sundojnë në Ballkan. Pra rreziku i luftës nga brenda dhe rreziku i luftës nga jashtë. Dhe ne e dimë tashmë, se luftë në Ballkan do të thotë luftë për gjithë Evropën.

Shpëtimi prej kësaj gjendjeje do të vijë nga një Federatë Ballkanike, nga një federatë pa shtypës dhe të shtypur, të çliruar nga fashistët e brendshëm dhe nga imperjalistët e jashtëm, një Federatë, ku çdo popull do të ketë republikën e tij kombëtare, një Federatë e republikave fshatare. Vetëm një federatë e tillë mund të sigurojë paqen dhe lirinë në Ballkan dhe të shpëtojë Evropën nga shpërthimi i një lufte.

HISTORIA E FAN NOLIT

Është një nga figurat më të ndritura të historisë. Burrë shteti, atdhetar demokrat, klerik i lartë, poet, përkthyes, publicist, dijetar, historian e muzikolog.

Fan Noli lindi më **6 janar 1882** me emrin Theofanes Stylianos Mavromatis në fshatin shqipfolës Ibrik Tepe në Edrene (Turqi), ku përfundoi dhe shkollën e mesme.

Më 1904 shkoi në Egjipt, ku punoi si mësues e gjatë kësaj kohe u njoh me patriotë të shquar të kolonisë shqiptare të Egjiptit. Në këtë kohë përktheu në greqisht veprën e Sami Frashërit "Shqipëria ç`ka qenë, ç'është e ç'do të bëhet". **Më 1907,** pas vajtjes së tij në Amerikë, krijoi shoqërinë "Besa-besë" në Boston. Vepra e parë e Nolit qe drama me tre akte "Israilitë dhe Filistinë", e botuar në Boston 1907. Kjo dramë qe shkruar qysh më 1902, bazuar në historinë e Samsonit dhe Dalilës në Dhjatën e Vjetër. Duke ndier nevojën e besimtarëve për të mbajtur meshë në shqip, përkthen ritualet dhe liturgjinë ortodokse në dy vëllime "Librë e shërbesave të shënta të kishës orthodoxe", Boston 1909, si dhe "Libre é te krémtevé te medha te kishes ortodokse" Boston 1911. Më **9 shkurt 1908** , Fan Noli u dorëzua dhjak dhe në mars 1908, kryeprifti ortodoks i Nju Jorkut e shuguroi prift ortodoks. Disa ditë më pas, Noli mbajti liturgji në gjuhën shqipe për herë të parë në Boston.

Nga **viti 1909 deri më 1911** botoi gazetën "Dielli" dhe së bashkë me Faik Konicën, themeloi më 1912 Federatën Panshqiptare Vatra të Amerikës.

Në vitin 1912 përfundoi studimet e larta në fakultetin e filozofisë në Universitetin e Harvardit dhe vite më vonë, më 1938 mbaroi studimet e larta në Konservatorin e Muzikës së Bostonit.

Në korrik 1919, Noli u zgjodh Peshkop i Kishës Ortodokse Shqiptare në Amerikë. Përpjekjet e Nolit për një kishë kombëtare shqiptare, u përmbushën më 1937, kur Patriarkana e Stambollit njohu zyrtarisht

Kishën Ortodokse Shqiptare Autoqefale.

Në vitin 1920 Noli u zgjodh kryetar i delegacionit shqiptar në Lidhjen e Kombeve në Gjenevë, ku nëpërmjet anëtarësimit të Shqipërisë në këtë lidhje, Shqipëria mori një njohje ndërkombëtare. **Në 1921** ai botoi veprën e rëndësishme "Historia e Skënderbeut".

Përkthime që ai i çmonte si arritjet më të mëdha të tij. Më 1921 doli vepra e tij madhështore në prozë "Historia e Skënderbeut (Gjerq Kastriotit), mbretit të Shqipërisë 1412-1468", Boston. Në Shqipëri erdhi sërish në fillim të viteve '20. **Në qershor 1924**, Fan Noli u bë figurë udhëheqëse në luftën për shndërrime demokratike në shoqërinë shqiptare. Me fitoren e Lëvizjes së Qershorit (1924), u vu në krye të qeverisë demokratike si kryeministër për një periudhë 6-mujore.

Më 1947 botoi përpunimin që i bëri George Castrioti Scanderbeg (1405-1468), New York 1947; që do i shërbente si temë diplome në Universitetin e Bostonit. Tjetër vepër e tij në anglisht "Bethoveni dhe Revolucioni francez" (Beethoven and the French revolution) në 117 faqe, e botuar në New York 1947, pasqyronte figurat e mëdha të historisë (Jul Çezari, Jezusi, Skënderbeu dhe Napoleon Bonaparti). Vëllimi me vjersha "Albumi" u botua më 1948. Brenda viteve 1961-1963 botoi dy vjershat e fundit origjinale dhe disa shqipërime vjershash të poetëve të njohur.

Kontributi më i gjerë i Nolit qe në fakt, ai i stilistit, siç shihet ndër përkthimet e tij. Bashkë me Faik Konicën mund të vlerësohet si ndër stilistët më të mëdhenj të dialektit toskë. Afria që kishte me gjuhët e huaja: greqishten, anglishten dhe frëngjishten e aftësoi ta bënte shqipen në një gjuhë të stërholluar dhe elegante, ndonëse pak folklorike.

Noli përktheu mjaft autorë amerikanë dhe europianë të shek. XIX, që me veshin muzikor, mundi të pasqyronte stilin dhe ngjyrat e ritmit të origjinalit. Përveç veprimtarisë shumë të rëndësishme politike, poetike dh asaje publicistike, gjatë këtij dhjetëvjeçari Noli përktheu tragjeditë e Shekspirit, "Rubairat" e Omar Khajamit, romanin "Don Kishoti" të Servantesit etj..

Fan Noli u shua më 13 mars 1965 në Ford Laurderdale, Florida, SHBA.

Ardhja e Fan Nolit në Shqipëri për pritjen e Princ Vidit. (1913)

Fan Noli duke hyrë në Selinë e Lidhjes së Kombeve në Gjenevë më 1924

Fan Noli, Marie Noli (nëna e Fan Nolit), Sulltane Noli (pas këtij takimi në Sofje, motra e saj Sulltane nuk e takoi kurrë më vëllain e saj Theofan), dhe ish-nxënësja dhe mësuesja e shkollës së vajzave të Korçës, Polikseni Dhespoti (Kekezi)

Fotografi e disa anëtarëve të kolonisë shqiptare në Sofje ku Fan Noli mbajti meshë dhe konferencë në shtëpinë e Thimi Seranit

LIBRASHQIP synon të botojë klasikët shqiptarë dhe autorë të tjerë të huaj në një mënyrë inovative dhe goditëse, duke përdorur standardet më të larta editoriale dhe të prodhimit. Me anë të një qasjeje unike, game e librave ofron shumë më tepër, jo vetëm vizualisht por edhe tekstualisht.

S. Noli, Fan
Albumi, Vëllim vjershash
Botim i I
6' x 9' - 135f

www.librashqip.al